Orbis

HANNS KURTH

# So deute ich meine TRÄUME

ORBIS VERLAG

Das vorliegende Buch ist bisher unter dem Titel
»So deute ich Träume«
im Goldmann Taschenbuch Verlag erschienen.


Sonderausgabe 1990 Orbis Verlag für Publizistik GmbH, München
Druck: Mohndruck Graphische Betriebe GmbH, Gütersloh
Printed in Germany
ISBN 3-572-06230-6

# Inhalt

# Vorwort

Dreißig Jahre im Dienst der Traumanalyse sind im Fluge vergangen. Tausende von Menschen kreuzten – einen Rat suchend, einen Ausweg ertastend – meine Bahn. Die einen kamen hoffnungsvoll und mit leuchtenden Augen; die anderen waren verzweifelt und hatten einen erloschenen Blick; die dritten zauderten in ihren Gesten wie in ihren Worten. Sie schilderten alle Träume, die sie gehabt hatten: lichte, fröhliche oder grotesk unverständliche Träume – oder aber bittere, tragische Gesichte, die sie Nächte hindurch quälten. Dinge, die gestern geschahen, die Vorahnung von Schicksalsschlägen, die sich nicht mehr aufhalten ließen – also Widerhall, Echo des Alltags und instinktmäßige Logik, die den tragischen Ausklang errechnete –, bildeten meist die Hintergründe der ernst zu nehmenden Träume. Diese einer näheren Beurteilung werten Träume mußten sorgsam von den Bildern getrennt werden, die sich gleich nach dem Einschlafen oder kurz vor dem Erwachen eingestellt hatten. Die meisten Menschen begehen den großen Fehler, zu viele Träume ernst zu nehmen, sich von einem Alpdruck beeinflussen oder mißstimmen zu lassen, der leicht hätte vermieden werden können, zum Beispiel durch den Verzicht auf eine zu späte oder zu schwere Nachtmahlzeit. Davon wird später die Rede sein. Oft war es einfach, übersteigerte Hoffnungen in die von der Vernunft gezogenen Grenzen zu weisen oder den Niedergeschlagenen klarzumachen, daß der wahre Hintergrund des Traumes nicht so dunkel war, wie er scheinen mochte. Andere Träume hingegen taten Abgründe auf, von denen die Ratlosen zurückgerissen werden mußten – sofern der Fall nicht so schwer war, daß der Nervenarzt das nächste Wort zu sprechen hatte.

Versteckte Bosheit, lodernder Haß, heimliche Liebe, heiße Verehrung, Angst, die die Menschen gestern peinigte, Sorge, die sie heute zerwühlte, Pessimismus, der sie im Gedanken an das Morgen verzagen ließ: alles kam in Träumen an den Tag.

Aus der Fülle der Bilder, die man im Laufe der Jahre vor mir ausbreitete, ergab sich, daß der Traum bis zu einem gewissen Grad eine Art Symbolsprache hat, die sich wiederholt. Es gibt in dieser Sprache viele Variationen, die man als Dialekte bezeichnen könnte. Mancher hat sogar seine eigene Sprache in den Träumen, er hat seine Bilder, die nur ihm dies und jenes sagen und die dem anderen nichts bedeuten. Auch scheinen die Bilder der Traumsprache, die Symbole, nach den Rassen und Kontinenten zu wechseln oder sich zu verschieben. Etwa so, wie im Anfang des Delirium tremens, des Säuferwahnsinns, der Trinker in Europa weiße Mäuse, in Amerika den »pink elephant«, einen rosaroten Elefanten, und in Südasien eine Affenherde sieht.

Unter Ausscheidung der zweifelhaften Bilder und Symbole und der mehrdeutigen Überschneidungen habe ich es dennoch versucht, ein »Traumlexikon« zusammenzustellen, ein alphabetisch geordnetes Nachschlageregister, aus dem man die eventuelle Bedeutung eines Traumes ersehen kann, sofern man nicht dazu übergehen muß, seinen eigenen Traumkatalog, sein Traumbuch, sein Nächtebuch anzulegen.

Es ist schwer zu sagen, ob wir heute mehr oder weniger als unsere Großeltern träumen; aber es wäre verständlich, wenn in unserer Zeit, die uns so wenig Muße zum Nachdenken läßt, der Traum als seelisches Erlebnis im Schlaf häufiger als früher Probleme an die Oberfläche bringt – in der Form des Traumes, an den wir uns erinnern. Wenn schon unsere Großmütter in den vergilbten alten Traumbüchern nachschlugen und kopfschüttelnd den dort zu findenden seltsamen Deutungen nachgrübelten, dann ist es noch leichter verständlich, daß wir nach einer Traumdeutung fahnden – in unserer problemgeladenen Zeit, die uns kaum zu uns selbst und mitunter kaum zum Schlaf und zum Träumen kommen läßt.

Ich will versuchen, so einfach und allgemeinverständlich wie möglich auseinanderzusetzen, welchen Traum man wichtig nehmen und beachten soll – zu zeigen, wie man Träume selbst analysieren kann und in welchen Fällen dies unmöglich ist, wann man also den Psychiater braucht – zu erläutern, wie man selbst Ordnung in seine Träume, die Serienträume, zu bringen vermag.

Einem größeren Kreis von Menschen die Wege zu weisen, die ich aus der Analyse vieler Träume anderer als die wahrscheinlich richtigen erkannte, ist der Sinn dieses Buches und die Aufgabe des ihm beigegebenen erläuternden Verzeichnisses der Traumsymbole.

Um vor dem Psychiater, dem beruflichen Traumspezialisten, bestehen zu können, sei zum Schluß noch gesagt, daß das ganze große Gebiet der komplizierten Tiefenträume, um derentwillen die moderne Psychoanalyse eigentlich geschaffen wurde, in diesem Buche nur gestreift worden ist. Diese Beschränkung ist vor allem erfolgt, um für denjenigen, der sich zum erstenmal mit diesen Dingen näher befaßt, das Feld der Traumkontrolle nicht zu umfangreich werden zu lassen, um die aus einer zu großen Problemfülle entstehenden Verwirrungen zu vermeiden. Für diese schweren Fälle wird im Text jeweils betont, daß hier der Psychiater das letzte Wort haben muß, weil mit der Eigenanalyse nichts erreicht werden kann. Daran muß der Leser und Lernende stets denken, damit er zur gegebenen Zeit den richtigen Weg einschlägt.

# ERSTER TEIL

## Entstehung und Wesen der Träume
## Die Kunst der Traumdeutung

### ERSTES KAPITEL

### Was ist ein Traum?

Wenn wir uns näher mit dem Traum und seiner in einzelnen Fällen tieferen Bedeutung befassen wollen, müssen wir zuerst zu ermitteln suchen, was ein Traum überhaupt ist. Setzen wir einmal die einfachste Formulierung als richtig voraus: Ein Traum ist der Ablauf seelischer Erlebnisse im Schlaf oder in schlafähnlichem Zustand. Diese Voraussetzung zwingt freilich zu der Frage, was wir unter Schlaf oder schlafähnlichem Zustand zu verstehen haben. Denn wir können das Geheimnis des Traumes nicht untersuchen oder dem Verständnis näherbringen, ohne das Rätsel des Schlafes zu lösen.

Die philosophische Definition des Schlafes lautet folgendermaßen:

Der meist periodische psychische Zustand eines Menschen, der dem physiologischen Zustand der Erholung von seiner Ermüdung entspricht, heißt Schlaf. Dabei wird vorausgesetzt, daß dieser physiologische Zustand in einer zeitweiligen Herabsetzung oder Aufhebung des Bewußtseins und der Tätigkeit der Skelettmuskulatur besteht. Der Fortbestand der Atmung und der unwillkürlichen und unbewußten Vorgänge im Körper und der Bewegungen des Körpers im Schlaf beruht auf der Notwendigkeit, den schlafenden Körper am Leben zu erhalten. Die bereits erwähnte Ermüdung des Körpers schafft eine verminderte Erregbarkeit des Nervensystems. Der Vollständigkeit halber sei noch erwähnt, daß nach den jüngsten Feststellungen der Schlaf wahrscheinlich von einem Schlafsteuerungszentrum im Zwischengehirn selbständig geregelt wird. Das Schlafen ist ein Naturbedürfnis, das man einschränken, aber nie ganz abschaffen kann. Die Versuche, sich künstlich Tage und Nächte wach zu halten, scheiterten bekanntlich ausnahmslos an einem schweren Zusammenbruch der Experimentatoren. Nur Geisteskranke, bei denen offenbar jenes vermutete Schlafsteuerungszentrum im Zwischengehirn erkrankt war, schlugen in einem sinnlosen wachen Dahinwelken alle Rekorde, die normale Menschen aufzustellen versucht haben. Ich komme noch einmal auf die Tatsache zurück, daß der Schlaf einem physiologischen Zustand der Erholung von einer Ermüdung entspricht, weil die Annahme naheläge, daß zum Beispiel eine Ermüdung des Gehirns, eine Art Lähmung des Gehirns durch Übermüdung, den Schlaf herbeigeführt oder bedingt. (Das wäre für unsere weitere Beschäftigung mit den Träumen, die sich ja im Schlaf abspielen, wichtig.) Das ist aber nicht so. Das Gehirn ist im Schlaf nicht gelähmt, sondern arbeitet weiter, wenn auch in seinen Äußerungen gegenüber der Umwelt gehemmt, gebremst durch das mutmaßliche Schlafsteuerungszentrum.

Ich erwähne nur nebenbei, daß der Mensch – wenn keine Übermüdung des Gehirns den Schlaf bedingt – modernen Theorien zufolge schläft, weil sich im Blut Stoffwechselprodukte angehäuft haben, die eine Wirkung ausüben wie narkotische Mittel. Im Schlaf erfolgt dann – nach diesen Theorien – ein Abbau dieser Produkte.

Dr. J. R. Pappenheimer und seine Mitarbeiter fanden einen Schlaffaktor, eine Substanz, die Säugetiere in einen schlafartigen Zustand versetzt. Man gewann den Stoff aus Lebewesen, die 72 Stunden lang wach gehalten wurden. Der Schlaffaktor ist in der cerebrospinalen Flüssigkeit enthalten, die dem Gehirn der Versuchslebewesen entnommen wurde. In die Gehirnkammer von Ratten injiziert, verringert die cerebrospinale Flüssigkeit von schlafberaubten Ziegen die motorische Aktivität der Ratten über Stunden ganz wesentlich und löst einen Schlaf aus, der sich äußerlich nicht vom natürlichen Schlaf der Ratten während des Tages unterscheiden läßt. Sie rollten sich in einer Ecke des Käfigs zusammen. Gelegentlich nahmen sie Wasser und Nahrung zu sich und schliefen dann weiter.

Es muß nun angenommen werden, daß es bei dem Schlaffaktor um eine im Säugetierreich weit verbreitete, in den Schlafmechanismus eingreifende, hormonartige Substanz geht. Weitere Versuche zeigten bisher, daß es sich anscheinend um einen niedermolekularen Stoff handelt.

Das Gehirn kann jedenfalls weiterarbeiten. Auf die Frage – eine sehr umstrittene Frage – ob der Mensch während des Schlafs immer träumt oder traumhaft bewußt ist oder nicht, komme ich noch zurück. Vorweg sei jedoch bemerkt, daß viele Menschen jede Erinnerung an irgendwelche Vorgänge während des Schlafes abstreiten. Sie gehen sogar so weit, zu behaupten, daß sie noch nie geträumt hätten. Aber das kann unter Umständen an einem Reproduktionsunvermögen liegen.

Ich sagte bereits, daß ein Traum der Ablauf seelischer Erlebnisse im Schlaf ist. Anscheinend gelangen die meisten Träume durch die Sinne (Gesicht, Gehör, Geruch, Gefühl, Geschmack) zum Vorstellungsvermögen – aber zum gebremsten Vorstellungsvermögen, gebremst durch das Schlafsteuerungszentrum. Beim echten Traum werden die Erlebnisse nur im seelischen Bereich erzeugt. Wir werden noch sehen, wie äußere Reize allein Träume erzeugen können; dies sind jedoch keine echten, ernst zu nehmenden Träume.

Wichtig ist auch die Feststellung, daß beim Traum der Tagesverstand und der Wille stark unterdrückt sind. Das Bewußtsein, die Beziehung zur Wirklichkeit, ist verschoben, dafür aber sind – beinahe in logischer Folge – die Vorstellungen, die Phantasieschwünge lebhafter und bildhafter.

Wir können vielleicht so sagen: Der Traum ist der Ausdruck geistigen Geschehens im Gehirn während des Schlafzustandes, also unter der Einwirkung der Bremsung durch das Schlafsteuerungszentrum. Bestimmend ist dabei die fast völlige Lösung von allen normalen oder im wachen Zustand gegebenen Gebundenheiten oder Selbstverständlichkeiten. Mit andern Worten: Wenn wir im Schlafzustand träumen, ist die Hirnzentrale, in der sonst Gefühle und Stimmungen auf Grund der aus der Umwelt und aus dem eigenen Körper einlaufenden Reize oder Störungen zu Handlungsmotiven umgesetzt werden, von der Teilnahme insoweit ausgeschaltet, als sie normalerweise während des Schlafes keine Handlungen auslöst.

Der Elektroenzephalograph, der im EEG die Gehirnaktionsströme elektrisch aufzeichnet, gibt über Schlaf und Traum folgende Aufschlüsse:

Im Wachbewußtsein, bei normaler geistiger Tätigkeit ergeben sich im Elektroenzephalogramm sogenannte Alpha-Wellen, die im Schlaf plötzlich verschwinden.

An ihre Stelle treten dann Wellen, die man als Delta-Wellen bezeichnet.

Zeigt sich im Schlaf plötzlich ein Übergang von Delta-Wellen zu Alpha-Wellen, ohne daß der Schlafende erwacht, dann kann in fast allen Fällen nachher ein Traum in die Erinnerung zurückgerufen werden, der sich während dieser Zeit abspielte.

In einer Untersuchung über die Forschungsarbeiten von Professor U. J. Jovanovic, Göttingen, heißt es zum Thema des Schlaf-Elektroenzephalogramms:

»Normalerweise wird ein mehr oder weniger kontinuierlicher Alpha-Wellen-Grundrhythmus im Wach-EEG, im ersten Schlafstadium, dem Schlafstadium A, allmählich aufgelöst. Am Ende dieses Schlafstadiums treten kleinere und raschere Delta-Wellen auf, die sich beim Übergang ins nächste Schlafstadium, das Schlafstadium B, verlangsamen.

Außerdem sieht man in diesem Stadium beschleunigte Wellen (Beta-Wellen) mit einer aufsteigenden und absteigenden Spannungsproduktion, auch Beta-Spindeln genannt.

Gegen Ende dieses B-Schlafstadiums sieht man wieder größere Wellen mit steilerem Anstieg, die offensichtlich den Einschlafmoment anzeigen.

Im dritten Schlafstadium, dem Schlafstadium C, findet sich ein leichter oder oberflächlicher Schlaf, in dem Reize von außen oder innen durch das EEG registriert, aber dem Schlafenden nicht mehr bewußt werden.

Diese Tatsache weist darauf hin, daß das Individuum auch im Schlafen Reize der Umwelt aufnimmt, darauf aber nicht immer anspricht, besonders dann nicht, wenn sich der Reiz auf das Individuum nicht im vitalen Sinne bezieht. Damit ist erklärt, warum die Mutter bei kleinsten Bewegungen ihres Kindes aufwacht, während sie sonst bei viel stärkeren Geräuschen schläft und nicht gestört wird.

Hieraus folgt, daß es spezifische Weckreize gibt, die den Menschen nur dann aus dem Schlaf wecken, wenn sie für ihn von Bedeutung sind.

Das vierte Schlafstadium, das Schlafstadium D, ist der mittlere Schlaf. Hier sind die Beta-Spindeln weniger und langsamer zu finden. Die Zwischenwellen treten zurück. Statt dessen kommen die Delta-Wellen von zwei bis drei Sekunden vor.

Das tiefste Schlafstadium, Schlafstadium E, ist gekennzeichnet durch das Auftreten maximal ausgedehnter und langsamer Delta-Wellen von 0,8 bis 1 Sekunde. Es dauert nur etwa 30 bis 70 Minuten.«

Und nun kommt das sehr Seltsame: Von jeher hat man die Träume als Äußerungen eines unbewußten Lebens betrachtet. Schon in ältester Zeit versuchte man, die Träume zu deuten, eine Erklärung für die Traumbilder zu finden, sie auszulegen. Es gab damals berufsmäßige Traumdeuter, die, wenn sie ihren Beruf ernst nahmen und ihn verstanden, als die Vorläufer der heutigen Traum-Analytiker betrachtet werden können. Ihre minderwertigen Vertreter aber waren Scharlatane, die dem Kunden mit den Auslegungen, die er hören wollte, schmeichelten, ihm Unsinn berichteten, ihn oft ins Unheil lockten und gerade das verschütteten, was der echte, deutungswerte Traum mühsam an die Oberfläche gebracht hatte.

Wohl mit Recht können wir die seriöse Form der Traumdeutung, die von den Ägyptern als eine heilige, religiöse Kunst angesehen wurde, als eine Frühform der wissenschaftlichen Traumforschung betrachten, die in unserer Zeit durch die Tiefenpsychologie (in der Psychoanalyse) neue Gestalt angenommen hat. Wie bei den alten Kulturvölkern die Heilkunde, die Medizin, als religiöse Wissenschaft galt, so auch die Traumkunde, die Traumdeutung, die als eine Art seelische Heilkunde angesehen wurde.

## *Physiologische Vorgänge während des Traums*

Die ärztliche Erforschung von Schlaf und Traum bewegt sich heute auf ganz neuen, interessanten Bahnen.

Dr. Arnold J. Mandell fand Hinweise dafür, daß Träume möglicherweise im Schlaf die für Gehirn und Muskeln notwendigen und im Körper gespeicherten Stoffe mobilisieren können.

Versuche an Menschen deuteten darauf hin, daß die Spiegel solcher Hormone wie Adrenalin und ACTH während des Träumens ansteigen. Von diesen Hormonen weiß man aber, daß sie Fett- und Zuckerspeicher im Organismus aktivieren können.

Die Tatsache, daß Träume die Ausschüttung gewisser Hormone anregen, könnte das Auftreten bestimmter kardialer Zwischenfälle zur Nachtzeit erklären. Die Ausschüttung von Adrenalin und Noradrenalin würde das Herz zu stärkerer Arbeit anregen und auf diese Weise den schmerzhaften Zustand einer nächtlichen Angina pectoris zur Folge haben.

Auf der anderen Seite könnte dem Traum bei anderen Erkrankungen durch die Ausschüttung von Nebennierenrindenhormonen wie Cortison eine Schutzfunktion zukommen, etwa beim Asthma bronchiale.

Sehr wichtige Feststellungen gelangen Dr. K. D. Siemoneit, Köln, zum Thema der zu beobachtenden physiologischen Abläufe im Zusammenhang mit dem Traum.

Im Schlafverhalten des Menschen gibt es kurzdauernde Episoden, die durch motorische Unruhe gekennzeichnet sind.

Die Schlaftiefe unterliegt zyklischen Schwankungen. Im Zuge eines ununterbrochenen achtstündigen Schlafs kehrt das Elektroenzephalogramm ungefähr fünfmal für die Dauer von 10 bis 60 Minuten zu einer Kurvenform zurück, die dem Wachzustand entspricht. Prüft man in solchen Phasen elektroenzephalographischen Wachseins das äußere Verhalten der jeweiligen Versuchsperson, so stellt man fest, daß sie tief schläft und nur schwer erweckbar ist. Derartige Schlafphasen werden in Anlehnung an das Wach-EEG als desynchronisierter Schlaf (englisch: activated sleep) oder, wegen des für diesen Schlafzustand »paradox« erscheinenden Hirnstrombildes, als paradoxer Schlaf bezeichnet.

Schon frühzeitig wurde beobachtet, daß in den Phasen paradoxen Schlafens Muskelzuckungen und schnelle Augenbewegungen auftreten. Diese Salven schneller Augenbewegungen sind in signifikant hohem Maße mit Traumerlebnissen verbunden. Durch gleichzeitige Ableitung des Elektroenzephalogrammes, des Elektromyogrammes und des Elektrookulogrammes ist es möglich, alle motorischen Begleiterscheinungen des paradoxen Schlafes objektiv zu erfassen.

Das häufige Zusammentreffen von schnellen Augenbewegungen und Traumerlebnissen legte die Vermutung nahe, daß zwischen den schnellen Augenbewegungen und dem Trauminhalt ein qualitativer Zusammenhang besteht.

Diese Vermutung ließ sich durch eindrucksvolle Befunde erhärten. So berichtete ein »Versuchsschläfer«, bei dem regelmäßig rhythmische Augenbewegungen in horizontaler Richtung registriert worden waren, nach dem Erwecken, er habe im Traum einem Tennisspiel zugesehen. Bei einer anderen Versuchsperson fanden sich rhythmische Augenbewegungen in vertikaler Richtung, und es wurde über einen Traum berichtet, in dem die betreffende Versuchsperson eine Treppe hinaufgegangen sei.

Mit Hilfe der Elektrookulographie konnte außerdem gezeigt werden, daß die Zahl der schnellen Augenbewegungen abhängig ist von der Intensität des Traumerlebnisses. So ließ sich nachweisen, daß immer dann, wenn viele schnelle Augenbewegungen im EOG aufgezeichnet wurden, die Versuchsperson aktiv, also als handelnde Person, am Traumgeschehen teilnimmt. Bleibt die Zahl der schnellen Augenbewegungen dagegen klein, so ist die Versuchsperson nur passiv, also als Beobachter, am Traumgeschehen beteiligt. Dementsprechend unterscheidet man beim desychronisierten Schlaf »aktive« und »passive« schnelle Augenbewegungen.

### *Die Dauer eines Traums: 3 bis 65 Minuten*

In alten wissenschaftlichen Handbüchern wird immer wieder die Behauptung vertreten, daß Träume in Sekundenschnelle vorüberhuschen und scheinbar lange Abläufe blitzartig im Traumerlebnis abrollen.

Mit Hilfe des Schlaf-EEGs ließ sich diese durch Jahrzehnte überlieferte These widerlegen, daß die Träume oft nur Bruchteile von Sekunden dauern und damit eine Zeitschrumpfung stattfindet. In Wirklichkeit dauert ein Traum rund 10 bis 35 Minuten und kommt in drei bis sechs Traumperioden mehrfach in einer Nacht vor. Bei den Versuchen dauerte die kürzeste, die absichtlich unterbrochene Traumphase drei und die längste 65 Minuten.

In jedem Traum treten jene schnellen Augenbewegungen auf (von Kleitman REM = rapid eye movements genannt), über die wir zuvor ausführlich berichteten.

Sie bewegen sich in Richtung des Traumgeschehens und geben einen sicheren Beweis dafür, daß der Untersuchte soeben träumt. Mit Hilfe der Auflage kleiner Silberplättchen an den temporalen Ecken der Augenlider und einer Verbindung mit dem EEG-Apparat oder einem Oszillographen lassen sich diese Augenbewegungen gut beobachten.

Weckt man eine Versuchsperson aus einer dieser Traumphasen, so kann sie über den Traum berichten. Treten keine REM auf, so sind die Versuchspersonen auch nicht in der Lage, über den Traum zu berichten.

Dabei hat sich ergeben, daß die tiefsten Schlafstadien offensichtlich traumlos sind.

Wir wollen wiederholen, was wir bisher ermittelt haben:

Der Schlaf ist der psychische (seelische) Zustand eines Menschen, der dem physiologischen (körperlichen) Zustand der Erholung von seiner Ermüdung entspricht.

Der Traum ist der Ablauf seelischer Erlebnisse im Schlaf, der (oft erinnerliche) Ausdruck geistigen Geschehens im Gehirn während des Schlafzustandes.

ZWEITES KAPITEL

## Welcherlei Träume unterscheidet man?

Bei der Feststellung, daß der Traum der Ablauf seelischer Erlebnisse im Schlaf ist, wurde auch bereits gesagt, daß die Träume anscheinend durch die Sinne zum Vorstellungsvermögen gelangen. Wenn die Sinne mit ihren Reizreaktionen oder in einer Reizabwehr eine besonders starke Rolle spielen, das heißt, wenn der Weg des Traumes direkt durch einen Sinn, etwa den Tastsinn oder den Geruchssinn, zum Vorstellungsvermögen geht, dann haben wir die einfachste, alltägliche Form des Traumes vor uns.

Um einen alltäglichen Traum handelt es sich, wenn das Rasseln des Weckers, ein bestimmter Geruch, ein Hunger- oder Durstgefühl uns im Schlaftraum das Geläute eines Schlittens, ein Blumenmeer oder eine Brandstätte, ein gewaltiges Festmahl oder ein Faß Wein vorgaukeln. Diese Dinge haben teilweise noch einen anderen Sinn, der später erläutert werden soll. Zuerst möchte ich jedoch das Grundsätzliche klarstellen.

Treten Wunschträume oder Erfüllungsträume anderer Art auf, die scheinbar nicht durch äußere direkte Reize ausgelöst wurden, so handelt es sich um Illusionen, die gleichwohl durch innere körperliche Reize (Eingeweide, gewisse Organe) hervorgerufen werden können, also als Umdeutung des inneren körperlichen Reizes zu betrachten sind. Die Sexualträume, die Angstträume mit Alpdrücken, die Verdauungsträume usw. fallen darunter.

Wenn im Zusammenhang mit Träumen Erregungen des zentrifugalen Nervensystems erfolgen, dann handelt es sich in sehr vielen Fällen um Träume aus den beiden erwähnten Gruppen. Aber sie können auch bei anderen Träumen, den sogenannten inneren Verarbeitungsträumen, auftreten. Ich erwähne diese Erregungen des zentrifugalen Nervensystems bereits hier, weil sich gerade im Zusammenhang mit den erwähnten Traumarten oft Sprachbewegungen, mimische Bewegungen und zusammengesetzte Handlungen ergeben, die das Schlafwandeln, das Arbeiten, Gehen, Handeln im Schlaf zur Folge haben.

Sobald aber unterbewußte Sinnesreize auftreten, das heißt, sobald sich ohne äußeren Anlaß von innen heraus (also auch ohne physiologische Ursachen im Innern des Körpers) seelische Erlebnisse ergeben, nähern wir uns erheblich dem echten Traum, dem eine größere Bedeutung beizumessen ist als dem Reiztraum.

Hier wiederum müssen wir unterscheiden zwischen den Träumen, die sich von innen her nach außen arbeiten, weil sie einen momentanen seelischen Spannungszustand rasch zum Abklingen bringen wollen, und jenen, die ganz aus der Tiefe kommen.

Dies soll an einigen Beispielen erklärt werden:

Wenn einem Autofahrer im Laufe des Tages ein Kind vor den Wagen lief, er aber noch im letzten Moment durch eine beinahe automatisch-instinktive Bewegung ein Unglück zu vermeiden vermochte, dann kann er in der folgenden oder übernächsten Nacht von diesem Vorgang träumen. Die Tageserregung spiegelt sich in seinem seelischen Erlebnis im Schlaf wider. Die Aufregung, die Nervenspannung, die ihn nicht im Augenblick des Geschehens, sondern nachher zum Zittern brachte, klingt in diesem seelischen Traumerlebnis ab. Man könnte also fast auch hier noch von einem Reiztraum sprechen, wenn wir uns den Erregungsvorgang als eine elektrische Aufladung oder Überladung der Nerven vorstellen.

Der Mann, der auf der Straße von einem Rüpel belästigt wurde und dem Lümmel am liebsten »eine heruntergehauen« hätte, dies aber dank seiner guten Erziehung und im Hinblick auf die daraus erwachsenden Folgen unterlassen hat, verprügelt den Burschen im Schlaf nach Herzenslust.

Das sind freilich sehr bequeme Ablösungsträume.

Doch nun ein Beispiel, das uns dem ganz von innen her kommenden Traum, dem unter Umständen wichtigen und wertvollen Traum nahebringt:

Ein junges Mädchen, das mit einem Arzt verlobt war, der dann aber wegen politischer Vorgänge das Land, in dem beide lebten, verlassen mußte, lernt einen anderen, schon älteren Mann kennen, an den es sich anschließt. Nach fast einjähriger enger Beziehung zu diesem älteren Mann hat das Mädchen folgenden Traum:

Das Mädchen befindet sich in einer Kirche. Man trifft Vorbereitungen für seine Hochzeit. Aber ehe es heiraten darf, so sagt ihm der Geistliche, muß er mit ihm sehr eingehend sprechen und eine Gewissensfrage stellen:

Es sei zwar entschlossen, den Mann zu heiraten, den es jetzt kenne und wohl auch lieben gelernt habe, aber es müsse nun vor sich und Gott sagen, ob es diesen Mann auch weiterlieben werde, ob es diesem Mann treu bleiben werde, wenn jener andere, der erste, zurückkäme.

»Wirst du, wenn der erste Mann zurückkommt, zu ihm gehen oder nicht?«

»Nein, ich werde nicht zu ihm gehen. Es wird vielleicht schwer für mich sein. Aber ich halte mein Wort.«

Nach diesen Worten verschiebt sich das Bild in der Kirche und geht unmittelbar in die Trauungsfeier über. Diese Feier beginnt ganz normal. Aber dann wird dem Brautpaar auf einmal ein großer, anscheinend gläserner Becher gereicht, aus dem jeder trinken muß. Wie nun das Mädchen den Becher mit beiden Händen ergreift, zerbricht er in seinen Händen, und der Inhalt, blutroter Wein, ergießt sich über die linke Hälfte des weißen Seidenkleides. Aber der große, blutrote Fleck beginnt erst ungefähr in Nabelhöhe und bedeckt von da aus den ganzen Unterleib, jedoch mehr die linke als die rechte Seite. Das Mädchen versucht, diesen Fleck zuzudecken, damit man ihn nicht sieht. Die Mutter bemüht sich, den Fleck mit einem Tuch wegzureiben. Aber natürlich vergeblich. Doch dann geht die Kirchentür auf. Draußen ist helle Sonne, und die Geschichte von dem roten Fleck ist vergessen. Damit verklingt der Traum.

Ohne auf die eigentliche Analyse und analytische Bedeutung dieses Traumes einzugehen, will ich als Ergänzung nur folgendes erwähnen, weil es sachlich mit dem Traum und der Person zu tun hat oder zu tun haben kann:

Das Mädchen hatte nie den Gedanken gehegt, jenen älteren Mann zu heiraten, der ihm auch in keiner Weise diesbezügliche Hoffnungen gemacht hat. In den Tagen nach dem Traum war die Träumende sehr niedergeschlagen, weil sie fühlte, daß der Traum eine andere, tiefgehende, wahrscheinlich tragische oder doch lebensgefährliche Bedeutung für sie haben könnte.

Eine seit einigen Jahren bestehende Wucherung, eine Folgeerscheinung einer Kindheitsoperation, wurde im Laufe der folgenden zwei Monate so gefährlich, daß zu einer sofortigen Operation geschritten werden mußte, der nach weiteren drei Monaten ein zweiter, noch schwererer Eingriff folgte. Der ganze Unterleib des jungen Mädchens wurde dadurch mit Narben bedeckt. Die Eingriffe – Entfernung beider Eierstöcke – stellten einen lebensumgestaltenden Vorgang dar. Der ältere Mann blieb der Kranken freundschaftlich und helfend zur Seite.

Die Probleme, die das Mädchen mit sich selbst auszukämpfen versuchte – die dauernden Reizungen durch die Verwachsungen und Wucherungen im Unterleib, die Ungewißheit gegenüber dem Leben, der Versuch, sich irgendwie geborgen zu fühlen, sich zu sichern – diese und noch viele andere Faktoren kamen zusammen und ergaben eine interessante Mischung von Wunschtraum und Hoffnungstraum, Entlastungstraum und echtem Tiefentraum, von sogar prophetischem Traum und einfacher Traumreaktion auf einen fortwährenden, in diesem Falle krankhaften Reiz rein körperlicher Art.

Wohlverstanden, ich habe diese Beispiele und Gruppierungen nur angeführt, um ein ungefähres Bild zu bieten, welche Arten von Träumen man zu unterscheiden hat. Dieser Aufbau stimmt vielleicht nicht mit gewissen klassisch gewordenen Lehren der modernen Traumanalyse überein oder geht schablonenmäßig nicht tief genug. Aber es genügt für denjenigen, der über seine Träume Bescheid wissen will, festzuhalten, daß es Träume gibt, die als Antwort auf äußere Reize entstehen, und andere, die ganz von innen kommen und bei denen – zumindest dem Anschein nach – kein physiologischer Reiz erkennbar ist. Die letztgenannten Träume sind selten. Sie sind aber die einzigen wirklich wertvollen Träume, denen wir in gewissen Fällen ernste Aufmerksamkeit schenken müssen.

Es gibt da noch manche Überschneidungen, zum Beispiel gleichartige Träume, die trotz der Wiederholungen in den Traumbildern keinen tieferen Sinn haben, weil es sich einfach um Schockträume handelt. Ich kannte einen hochgestellten Mann, der im Krieg unter grauenvollen Umständen einen Zusammenbruch aller Pläne und seiner ziemlich hochgespannten Hoffnungen erlebte. Der erste Schock, seine Verhaftung und standgerichtliche Verurteilung waren für ihn so unfaßbar, daß sich die Umstände, unter denen er alles verloren hatte, im Traum immer wieder zeigten.

Diese sich wiederholenden, gleichartigen Träume kamen tief von innen herauf; aber sie waren dennoch keine echten, deutbaren Träume, weil sie gewissermaßen Verdauungsbeschwerden eines Gehirns darstellten, das mit dem, was geschehen war, nicht fertig zu werden vermochte.

Es sei wiederholt: Neben den durch Reize erzeugten Träumen

gibt es jene Träume, die scheinbar ohne äußeren Anreiz aus der Tiefe kommen und die als sichtbar werdende Wellenbewegungen unserer Seele – wenn wir dieses Wort ohne weitere Definition hier gebrauchen wollen – unsere Aufmerksamkeit verdienen.

Auf die Frage nach der Dauer der Träume gibt es bis heute keine eindeutige und absolut einwandfreie Antwort. Nach Beobachtungen an Schlafenden, nach den an ihnen gemessenen Erregungen und Steigerungen im Blutkreislauf, nach den Bewegungen und sprachlichen Andeutungen im Schlaf zu schließen, gibt es sowohl lange als auch kurze Träume. Ein Erlebnistraum kann sich über Minuten hinziehen. Eine Bildreaktion auf eine äußere Störung, einen Laut kann in Sekunden abrollen, weil ja das Projektionsmaterial sozusagen fertig ist. Das Hirn weiß schon im voraus, wie es auf diesen und jenen Reiz antworten will oder muß (entsprechend der momentanen Verfassung des Schlafenden). Wie wir im Kino in einem Film eine Handlung in neunzig Minuten abrollen sehen, die zwanzig oder fünfundzwanzig Jahre umfaßt, so kann im Traum eine Bildserie in Sekunden konzentriert vorbeitoben, die im Leben Stunden in Anspruch nehmen würde. Dagegen scheinen die Tiefenträume sich relativ lange hinzuziehen. Sie stellen eine Art richtigen seelischen Erlebens dar.

Praktisch und für unsere Zwecke ist die Länge der Träume übrigens vollkommen gleichgültig. Ich sagte ja schon, daß im Schlaf und im Traum das seelische Erleben nicht mehr an die sonst gültigen naturgesetzlichen Bedingungen gebunden ist. Die Zeit, der Raum, die Schwerkraft, der atomistische Zustand des Stoffes – nichts zählt mehr im Traum, wenn es dem Träumenden paßt, alles beiseite zu schieben.

### DRITTES KAPITEL

## Nicht alle Träume bedeuten etwas

Die Feststellung, daß nicht alle Träume etwas bedeuten, ist die logische Folgerung unserer bisherigen Untersuchungen, deren Ergebnisse noch einmal kurz wiederholt werden sollen, damit dem Leser das Grundsätzliche klar ist für die weiteren Darlegungen:

Wir gingen aus vom Schlaf, den wir als den psychischen oder inneren oder seelischen Zustand eines Menschen bezeichneten, wobei dieser Zustand dem physiologischen (körperlichen) Zustand der Erholung des Menschen von seiner Ermüdung entspricht.

Es liegt die Annahme nahe, daß durch den Tagesablauf oder durch den Ablauf des Wachseins Schlacken im Körper angehäuft werden, die wie ein Narkotikum die Müdigkeit erzeugen. Diese Müdigkeit ist körperlicher Natur, jedenfalls in der Hauptsache. Das Gehirn des Menschen, als Sitz geistiger Tätigkeit, arbeitet auch während des Schlafens mindestens teilweise weiter. Aber in ihren Äußerungen zur Umwelt ist diese Gehirntätigkeit im Vergleich mit dem Wachsein »gebremst« – vermutlich durch ein Schlafsteuerungszentrum.

Im Schlaf nun spielen sich die Träume ab. Sie sind, wie gesagt, der Ablauf seelischer Erlebnisse im Schlaf. Sie sind ein (oft nach dem Erwachen erinnerlicher) Ausdruck geistigen Geschehens im Gehirn während des Schlafzustandes.

Weiterhin wurde festgestellt, daß wir nicht »einfach träumen«, sondern daß bei den Träumen allerlei Arten zu unterscheiden sind: Solche, die auf äußere Reize hin erfolgen, bei denen gewissermaßen Reize, welche an unsere Sinne appellieren, im Schlaf in Träume, in seelische Erlebnisse, in geistiges Geschehen, in Bilder umgesetzt werden. Diese Reize können verschiedener Art sein. Sie können von außen (Kälte, Wärme, Gerüche, Geräusche) kommen und können sich von innen her einstellen, auf Grund von Krankheitserscheinungen, als Folge von Verdauungsstörungen.

Entsprechend ihrer Art kommen diese verschiedenen Träume, die auf Grund von Reizen entstehen, zu verschiedenen Zeiten vor. Wir können etwa folgendes festhalten:

Die Träume, die als Folge von Verdauungsvorgängen auftreten, sind am häufigsten sehr bald nach dem Einschlafen. Sie können aber bis zu vier oder fünf Stunden hindurch auftreten, je nachdem der Magen oder die Eingeweide des Schläfers schnell oder langsam mit den störenden oder große Arbeit verursachenden Stoffen fertig werden.

Reize, die von wühlenden, nagenden Krankheiten herrühren, können die ganze Nacht und auch im Tagesschlaf auftreten.

Träume als Folge von Geräuschen sind viel häufiger gegen Morgen oder gegen Ende der normalen Schlafzeit, also etwa unter dem Eindruck äußeren Tageslärms oder infolge der geringer werdenden Schlaftiefe.

Auf die mitunter grotesken Erscheinungen, die sich bei diesen Gruppen von Träumen ergeben können, komme ich in den nächsten beiden Kapiteln zurück.

Neben den durch Reize verursachten Träumen gibt es andere, die bis zu einem gewissen Grad ohne äußere Reize zu entstehen scheinen, die sich jedoch sehr einfach als Reflexe des eben verklungenen Tages oder soeben erst geschehener, aber »geistig unverdauter« Ereignisse, als Reaktionen auf einen Schock, einen schweren Schrecken, eine Nachricht, einen Film, ein Bild, eine Lektüre erklären lassen.

Auch sie rumoren an der Oberfläche und sind sozusagen Verdauungserscheinungen eines Hirns, das am Tage, im Wachsein, mit dem Geschehenen nicht fertig werden konnte, entweder weil dazu keine Zeit blieb, oder weil das Ereignis für den Menschen zu plötzlich, zu massiv und damit zu »unverdaulich« eintrat.

Betrachten wir uns hart treffende Ereignisse, die den Menschen körperlich und geistig im Wachzustand überfallen haben, als Vorgänge, die Nerven oder Empfindungszentren reizten oder in Schwingungen versetzten, dann sind sogar diese Träume als Antwort auf Reize zu bewerten. Aber sie fallen doch in eine andere Kategorie, sie haben schon einen tieferen Sinn.

Es gilt also, folgendes festzuhalten:

Der Traum, der sich nach einem schwer verdaulichen Abendessen einstellt, ist zweifellos eine Antwort auf das Rumoren in den Eingeweiden. Er ist die Antwort auf einen Reiz.

Der Traum, der sich bei einem Menschen einstellt, welcher im Laufe des Tages mit knapper Not einem tödlichen Unfall entging, ist eine Antwort auf das Nachzittern der Aufregung, auf die Überspannung der Nerven als Folge des Ereignisses, das der Betreffende »noch gar nicht fassen kann«, wie es im Sprachgebrauch so richtig heißt. Auch dieses Zittern ist ein Reiz, ein Rumoren im Nervensystem.

Aber der Unterschied zwischen diesen Träumen, die an sich beide durch Reize entstehen, ist jedem klar.

Ich gehe hierauf so ausführlich ein, weil es ungemein wichtig ist, den wertvollen Traum von dem im Sinne der Notwendigkeit der Deutung wertlosen Traum zu unterscheiden.

Es soll hier nur versucht werden, jene Träume zu deuten, die außerhalb dieser Reizvorgänge entstehen, Träume, die ganz von innen kommen, die nicht mit dem Rasseln eines Weckers, nicht mit dem Pochen an der Tür, aber auch nicht mit einem schweren Mahl oder mit einem eben überstandenen Schrecken oder einer übergroßen Freude zusammenhängen.

Nur von solchen Träumen können wir allen Ernstes sagen, daß sie »etwas bedeuten«. Was sie bedeuten, das soll sich im weiteren Verlauf dieser Darlegung erhellen. Doch ist es notwendig, zuerst einiges von den oft lustigen, oft so schweren, unseren Schlaf belastenden Reizträumen zu erzählen, um an Hand von Beispielen noch klarer zu machen, wo sich die Grenze befindet und wo sie sich unter Umständen verwischt.

VIERTES KAPITEL

## Der Traum aus dem Blutkreislauf und dem Magen

Zu den Träumen, die wir am häufigsten erleben, gehören jene, die aus dem Blutkreislauf und aus den Eingeweiden stammen. Auch wenn wir uns von vornherein klar sind, daß diese Träume für die ernste Deutung keine oder nur in ganz seltenen Ausnahmefällen Bedeutung haben, müssen wir uns doch ein wenig mit ihnen befassen, weil sie zahlenmäßig eine so große Rolle spielen und weil sich der von Träumen Geplagte klar werden muß, wo der sinnlose Traum vorherrscht und wo der ernst zu nehmende Traum beginnt.

Um zu erklären, wie diese Träume entstehen, will ich die alte klassische Traumerklärung der französischen Schule anführen, die sich am längsten gegen die moderne Traumwissenschaft, wie Freud, Adler und Jung sie entwickelten, sträubte, sich dann aber doch in der Symbolik an die neue Schule anlehnte. Nach der alten französischen Auffassung verhindert der Schlaf, daß Eindrücke, die von außen kommen, die Hirnzentren auf normalem Wege, in normaler Weise (wie es im Wachsein der Fall wäre) erreichen und erregen. Unter der Wirkung des Schlafes reagieren die Hirnzentren – wohlverstanden nach der alten französischen physiologischen Traumlehre – nur oder fast nur auf Erregungen, die von innen oder auf dem Umweg über »innen« kommen. Die Reaktionen auf von innen kommende Erregungen sind nicht mehr oder nicht immer der Wirklichkeit angepaßt. Die Folge davon ist, daß sich Bilder mehr oder weniger unzusammenhängend, um nicht zu sagen gesetzlos nach normaler Auffassung, häufen.

Nach der gleichen Auffassung träumt der Mensch ununterbrochen. Im schlafenden Körper und im schlafenden oder unter der Decke des Schlafes arbeitenden Hirn werden ständig Bilder projiziert. Aber von all diesen Bildern bleiben nur jene in der Erinnerung haften, die uns stark erschüttern, die ein Alpdrücken erzeugen, oder jene, die kurz vor dem Erwachen abrollen.

Doch nun kommt in der älteren französischen Traumauffassung etwas, das starke Aufmerksamkeit verdient, weil es vermutlich in dieser Form teilweise auch heute noch übernommen werden kann – freilich mit der Einschränkung, daß es sich dabei nur um eine Teilerklärung des Traumes oder, genauer gesagt, um die Erklärung für das Entstehen eines allerdings sehr erheblichen Teiles unserer alltäglichen Träume handelt.

Die französische Schule nimmt an, daß die Träume zu einem großen Teil durch Störungen in der Ernährung der Neuronen erklärt werden können. Neuronen sind die zellenmäßigen Bausteine des Nervensystems, die aus einer Nervenzelle mit mancherlei Fortsätzen bestehen. Mehrere hintereinandergeschaltete Neuronen bilden eine Leitungsbahn im Nervensystem. Wie alles im menschlichen Körper, so müssen auch die Neuronen ernährt werden. Treten Störungen in der Ernährung der Neuronen auf und nimmt man eine Beziehung zwischen den somatischen, zum Körper gehörenden oder körperlich bedingten Störungen zu den Traumbildern oder erst einmal zur Gehirntätigkeit an, so ist nach der alten französischen Auffassung der Kreis sozusagen geschlossen.

Das immer wieder angeführte Beispiel ist jenes von Mourly-Vold, der versicherte, daß alle Träume, die sich mit langen, engen, schier endlosen Gängen befassen, in denen der Mensch herumirrt, keine andere Ursache hätten als Spasmen, Krämpfe, Beschwerden in den Eingeweiden.

Ausgehend von diesen ziemlich allgemeinen Erklärungsversuchen für die Entstehung der Träume oder doch gewisser Träume, will ich das, was sich nach neuen Forschungen und auf Grund eigener Erfahrungen feststellen läßt, zusammenfassen und die Reihe der aus dem Blutkreislauf und den Eingeweiden stammenden Träume folgendermaßen erklären.

Nach den neuesten Forschungen ist die Gehirntätigkeit – unter normalen Umständen – nicht abhängig von der gewichtmäßigen Masse, auch nicht von den Windungen, die das freigelegte Gehirn dem Beschauer bietet. Ein schweres Gehirn kann genausogut einem Idioten gehören wie einem Genie. Ein feingegliedertes und windungsreiches Hirn kann die Hirnschale eines Narren füllen, aber auch einem hochbegabten Menschen gehören. Dagegen hat man festgestellt, daß die Durchblutung des Gehirns von größter Bedeutung ist. Entscheidend für die starke oder schwache Durchblutung sind die zum Hirn führenden Blutgefäße, die Verteilung des Blutes im Kopf. Außerdem spielt die Blutzusammensetzung – im Sinne der Ernährung von Hirn und Nerven – eine bedeutsame Rolle. Und hier kommen wir auf das zurück, was die alte französische Schule von den Neuronen und der Ernährung der Neuronen als Bausteine des Nervensystems sagt.

Durch falsch gewählte Nahrung, durch Rauschgifte oder auch nur durch Nikotin, Alkohol oder Medikamente wird dem Blut, das die Ernährung des Organismus besorgt, Material mitgegeben, das nicht unbedingt normal ist, also eine Störung hervorrufen kann – sei es durch eine anomale Ernährung der Neuronen, sei es durch eine Beeinflussung der Blutgefäßwände unter der Wirkung von Alkohol oder Nikotin oder durch die Ausschüttung gewisser, aus der Nahrung stammender Stoffe in das Blut.

Ein derart beeinflußtes Blut, ein Hirn, das von solchen »vorübergehend deformierten« Blutgefäßen gespeist wird, ein solcher Körper, der sich mit ungewöhnlichen Stoffen herumplagt, muß somatische Störungen aufweisen. Diese somatischen Störungen aber können seelische Erlebnisse im Schlaf – Träume – hervorrufen oder sie, falls sie sowieso dauernd erfolgen, in besonderer Weise beeinflussen.

Nach Freud ist der Traum in seinem primitivsten Sinne nichts anderes (rein physiologisch gesehen) als ein geschickt verkleideter Versuch des schlafenden Körpers, den Schlaf so lange wie möglich fortzusetzen. Der Traum wäre demnach eine Art Verteidigungswaffe gegen das Erwachen, ein Instrument im Kampf gegen ein zu lebhaftes seelisches Erlebnis im Schlaf, das zum Erwachen führen könnte. Soll aber dieser Kampf – seelisches Geschehen gegen Schlaf, Traumbild als Waffe gegen Erwachen – zugunsten des Schlafes ausfallen, dann dürfen die Traumbilder nicht zu lebhaft werden. Das geschieht dadurch, daß die Bilder nicht zu stark an die Wirklichkeit gebunden werden, Schwierigkeiten leicht überwinden, unwirkliche Kräfte als Tatsachen vorführen, heiße Wünsche erfüllen. Werden die Bilder zu klar, nähern sie sich zu stark dem Realen, oder ist das einzelne, an sich unsinnige Bild zu lebhaft, dann erfolgt (oft unter Angsterscheinungen) mit dem Abbruch der Traumbilder das Erwachen.

Freud hat allerdings – mit Ausnahme der sexuellen – die somatischen Ursachen stark beiseite gelassen und lange vollkommen negiert. Adler, Jung und viele jüngere Traumforscher sind hier anderer Meinung und nehmen – unter teilweiser Zustimmung zu der Freudschen Theorie – die somatische, also vom Körper ausgehende Beeinflussung des Traumes – in seiner Entstehung, seiner Bildung und seinen Bildern – als unbestreitbar an.

Nach allem bisher Gesagten dürfte an der Richtigkeit dieser letztgenannten Auffassung kein Zweifel bestehen. Ich verweise jedoch zusätzlich noch auf folgendes:

Die meisten Menschen waren schon einmal schwer krank und hatten im Fieber wilde Träume, Träume also, die nur aus dem kranken Zustand, aus dem Fieber, aus der Veränderung der Bluttemperatur, wohl auch der Blutzusammensetzung zu erklären sind. Die oft quälenden Gesichte, die sich im Fieber – in Gestalt der sogenannten Fieberträume – aufdrängen, sind treffende Beweise für die Beziehungen zwischen gestörtem körperlichem Gleichgewicht, anomalem Blutdruck, über- oder unternormaler Temperatur und dem Hirn und seiner seelischen Tätigkeit im Schlaf oder in dem oft dem Halbschlaf ähnlichen Fieber.

Ein anderes Beispiel sind die Träume der sogenannten chronisch Kranken, der Unheilbaren, jener Unglücklichen, die sich vermutlich nicht mehr von ihrem Leidenslager erheben werden. Vor allem bei jenen Kranken, deren Eingeweide zum Zerfall, zur langsamen Zerstörung verdammt sind, zeigen sich fast allnächtlich Träume, die nichts anderes sind als die Reaktionen des Hirns, der Schlafsteuerungszentrale auf die ständigen, nagenden Alarmrufe aus dem Körperinnern, wo die Verarbeitung der Nahrung nicht mehr normal vor sich geht. Daß der Kranke – um den tröstenden Schlaf zu verlängern und es nicht zum Erwachen kommen zu lassen – sich im Traum dann und wann gar als gesunden Menschen sieht und voll freudiger, wenn auch illusorischer Hoffnung ein paar Stunden weiterschläft, entspricht ungefähr dem Traum des Beinamputierten, der sich im Traum mit vollkommenen Gliedern sieht, wenn in den Amputationsstümpfen die Nervenreize zu stark werden. Die letztgenannte Form der Träume gehört zwar mehr in die Gruppe der Träume, die durch äußere Reize entstehen, aber ich führe diesen Traumtyp hier an, weil er immerhin einen morbiden Zustand betrifft.

Der Mensch, der einer Vergiftung zum Opfer fiel, dessen Körper, dessen Eingeweide, dessen Blut gegen die Anomalie, gegen das Gift kämpfen, träumt gleichfalls mancherlei wirre Dinge – als Resultat der Anstrengungen, die der Körper macht, vermutlich auch als Folge der Vergiftung der Neuronen, der Nervenbahnen und in schweren Fällen des Hirns.

Mancher Mensch reagiert mit schweren Träumen auf Infektionen, deren Opfer sein Körper wurde. Wir wissen heute, daß in vielen Fällen eine enge Verwandtschaft zwischen Infektionen und Vergiftungen besteht, doch führe ich diese Fälle getrennt an, weil die Bilder, die Traumerschütterungen unterschiedlich sind.

Zu der Gruppe der meistens sinnlosen und wertlosen Träume, die durch Vergiftungen entstehen, gehören auch die Bilder, die durch Rauschgifte hervorgerufen werden. Bei dem einen genügt ein gewisses Übermaß an starkem Alkohol, beim anderen eine Zigarette zuviel, ein dritter erliegt erst dem Opium und seinen Derivaten, dem Haschisch oder dem Marihuana. Aber da wir uns ja mit normalen und nicht mit krankhaften Träumen befassen wollen, erübrigt es sich, weiter auf diese durch Fieber oder Gifte entstehenden Träume einzugehen.

Ich komme also auf die Feststellung zurück, daß die Gehirntätigkeit von der Durchblutung, von der Blutzusammensetzung, von dem Zustand der Blutgefäße und dem Befinden der Eingeweide abhängig ist. Ist aber das Gehirn davon abhängig, dann auch der Schlaf. Und wenn der Schlaf davon abhängt, dann auch die Waffe, die sich der Körper schmiedete, um den Schlaf so lange wie möglich fortzusetzen – nämlich der Traum.

Hier einige Beispiele:

Menschen mit einer langsamen, mit einer sehr schweren Verdauung, deren Magen sich mit einer Fondue, diesem in der Schweiz üblichen Gericht aus geschmolzenem Käse, fünf bis sechs Stunden abplagen muß, werden unter schwersten Träumen zu leiden haben, wenn sie eine Fondue etwa um elf Uhr abends essen und dann gleich nachher zu Bett gehen. Die ganze schwere Arbeit des Magens, die Ausschüttung zahlreicher aus der Nahrung oder aus den begleitenden Getränken und Gerichten gezogener Stoffe ins Blut stellt – wie die Franzosen sagen – eine somatische Beziehung zwischen diesem Verdauungsvorgang und dem Hirn her. Um den Körper, um den Schlafenden vor dem Erwachen zu schützen, spiegelt sich der Ringkampf zwischen Pepsin und Käse, zwischen Magenwand und einem aus allerlei Milchstoffen bestehenden Gericht in mehr oder weniger bewegten Bildern im »seelischen Erleben« (will man die Fondue-Verdauung so nennen) wider.

Aber es gibt auch Menschen, die durch ein zu später Stunde gegessenes Sandwich im Traum zu Wettläufen mit einem Dutzend Teufeln veranlaßt werden.

Sehr viele Personen reagieren auf einen einfachen, abends genossenen Apfel mit schweren Träumen. Es gibt eben Schläfer, denen man den abendlichen Genuß dieses Apfels, der als Großmutters Heilmittel gegen alle Leiden dieser Erde gepriesen wird, untersagen müßte. Die Säure des Apfels kann bei empfindlichen Menschen schon im wachen Zustand schlechte Laune bis Schwermut, sogar krasse Hypochondrie hervorrufen. Wenn solche Menschen hintereinander drei oder vier saure Äpfel essen, bekommen sie in den nächsten zwei oder drei Stunden bestimmt mit jemand Krach oder zanken sich mit dem nächsten erreichbaren lebenden Objekt.

Wenn das schon im wachen Zustand geschieht – man braucht ja nur einmal seine Umgebung und im schlimmsten Falle sich selbst daraufhin zu beobachten – wieviel schlimmer muß die Reaktion im schlafenden Zustand sein, wenn die berühmte Bremse angezogen ist, wenn die Vernunft nicht mehr kontrolliert, wenn Überlegung oder Ablenkung des Tages nicht mehr nachwirkt!

Es gibt Personen, die – wenn sie träumen wollen – nur ganz bestimmte Früchte oder Speisen essen, vor allem aber Äpfel konsumieren und sich schon in einen Traumreigen versetzt sehen, von dem sie allerdings meist vorher nicht sagen können, ob er angenehm sein wird. Denn diese Träume sind sehr oft – nicht immer – Fortsetzungen von Tageserlebnissen. Sind diese Tageserlebnisse schön und angenehm gewesen, dann können es die Träume ebenfalls sein. Aber es kann auch anders kommen. Genauso wie ein

Mensch, der Opium raucht, keineswegs immer angenehme Traumerlebnisse hat. Er muß sich schon vor dem Einschlafen auf ein angenehmes Bild konzentrieren, um im Traumrausch, im Rauschschlaf die Fortsetzung oder eine ständige Wiederholung zu erleben.

Jene Menschen, die im Traum ihr Bewußtsein so weit in der Gewalt haben, daß sie sich während des Traumes sagen können: »Ich träume«, sind selten. Unter ihnen gibt es sogar solche, die in der Lage sind, sich gegen die Fortsetzung eines unangenehmen Traumes zu sträuben und sich zum Erwachen zu zwingen. Die anderen hingegen, die die Regel bilden, wälzen sich mit schlecht gekauten und unverdauten Äpfeln im Magen, mit einem zu fetten Stück Fleisch, mit sonst einem schwer verdaulichen Gericht im Körper, von schweren Träumen gequält, im Bett herum. Sie stöhnen und sprechen, sie schimpfen und jammern, sie leiden und wimmern.

Doch handelt es sich bei all diesen Träumen meistens nicht um wichtige, ernste, schwere Träume, sondern eben um solche, die aus Blutkreislauf und Eingeweiden stammen.

Ich möchte nicht versäumen, hier hinzuzufügen, daß die meisten »Alpdruckträume«, die in der Regel mit einer erhöhten Herztätigkeit einhergehen, aus dem Magen, bestimmt aber aus dem Blutkreislauf stammen. Die im Schlafzustand anders arbeitende Verdauung, der andersartige Stoffwechselvorgang beim Liegen und beim Schlafen – mitunter aber auch nur eine zu starke Linkslage mit entsprechendem Druck auf Herzgefäße – rufen Alpdruckträume hervor.

Fast jeder kennt sie und hat sie seltener oder häufiger erlebt. Es handelt sich um jene Träume, die den Menschen sinnlos durch Höhen und Tiefen der Angst, der Todesnot hetzen. Sie lassen ihn Schrecken erleben, die er sich im wachen Zustand kaum ausmalen kann, Dinge, die ihm in der Wirklichkeit in den meisten Fällen nicht einmal Angst einjagen würden, die ihn aber – ausgehend von einem körperlichen Zustand, der physiologisch dem einer großen Angst oder Atemnot entspricht – in der Traumprojektion zu einem Opfer seines seelischen Erlebens im Schlaf machen.

Viel häufiger, als man glaubt, ist der Mensch geneigt, im Schlaf laut das auszusprechen, was er im Traum erlebt, auch wenn er es im Wachzustand verheimlichen würde.

Der Wissenschaftler erklärt, daß das Sprechen im Schlaf sich auf folgende Weise entwickelt:

Schlafsprechen stellt sich ein, wenn die Nervenzentrale, die den Schlaf steuert, nicht ganz in Ordnung ist.

Diese Nervenzentrale liegt an der Basis des Hypothalamus. Sie besteht aus zwei Gruppen von Zellen: Alpha- und Beta-Zellen.

Bei einer normalen Funktion dieser Zellen schläft man tief und friedlich. Sind aber die Beta-Zellen angeschlagen, wird man schlaflos. Sind die Alpha-Zellen gestört, bleibt der Schlaf leicht und oberflächlich.

Das Gehirn registriert dann bewußt alle Träume, die dem Schlafenden »durch den Kopf« gehen. Der Träumer lebt mit. Er nimmt an den Vorgängen teil. Die Stimmbänder vibrieren. Der Mensch beginnt zu sprechen.

Vergebens haben die Psychologen zu erklären versucht, daß alles, was der Mensch so ausspreche, nichts mit der Wirklichkeit zu tun habe, sondern nur widerspiegele, was im Traum geschehe. Man versuchte nachzuweisen, daß meist Störungen im Bereich des Herzens, der Leber und im Zentralnervensystem jene unregelmäßigen Funktionen der Beta-Zellen zur Folge haben.

Aber – immer wieder erlebt man im Alltag, daß die Worte, die Sätze, die Namen, die der Schläfer ausspricht, doch etwas mit der Wirklichkeit zu tun haben.

Ernsthaft wurde die Frage aufgeworfen, ob eine Ehefrau ihren Mann oder umgekehrt ein Ehemann die Lebenspartnerin wecken müsse, wenn der andere im Schlaf spricht, oder ob man an ihn Fragen richten dürfe, die ihn geneigt machen könnten, noch mehr zu verraten. Es gehe dabei um die Frage der Fairneß in der Ehe.

Wie weit das Sprechen im Schlaf gehen kann, ergab die Verhaftung eines Mörders in einem Omnibus in Los Angeles. Tief im Schlaf und so laut, daß die Umsitzenden es hörten, sagte er:

»Ich hätte die Narbe am Bein herausschneiden sollen. Ich hätte sie herausschneiden sollen . . .«

Ein Mitreisender entsann sich, in einem Polizeibericht von einem Leichenfund gelesen zu haben, in dem die Rede war von einer Beinnarbe. Es ging um den Mord an einer 19jährigen Filmkomparsin. Als der Schläfer, der 38jährige Koch John Most, erwachte, trug er schon Handschellen. Er legte angesichts dessen, was er im Traum verraten hatte, ein volles Geständnis ab.

### FÜNFTES KAPITEL

## Äußere Reize als Ursachen

In bezug auf die verschiedenen Traumarten wurde gesagt, daß der Traum nicht nur innere Reize, die aus den Eingeweiden, aus dem Blutkreislauf oder aus einer Störung im Nervenhaushalt kommen (veränderte Neuronen-Ernährung), verarbeitet, sondern auch auf äußere Reize antwortet. Es ist schwer, eine absolute Grenze zwischen inneren und äußeren Reizen zu ziehen. Denn wenn man sehr kritisch den Traum als ein »seelisches« Erlebnis betrachtet, dann wäre alles, was außerhalb des eigentlichen Nervensystems, also nicht direkt im Nervensystem oder im Gehirn, geschieht, in Beziehung zum Traum und zum seelischen Erlebnis ein äußerer Reiz.

Gemessen am feingegliederten Nervensystem, wären die Eingeweide, die Bauchhöhle, der Gaumen, die Nasenhöhlen usw. »äußerlich«. Man muß den Bogen jedoch weiter spannen. Erstens, weil sich, wie gesagt, die Grenze nicht so scharf ziehen läßt, und zweitens, weil auf dem Wege über den Stoffwechsel und den Blutkreislauf, besonders über die Ernährung des Hirns und des Nervensystems, die Brücke vom Außen zum Innen geschlagen wird.

Bei den direkten, wirklichen äußeren Reizen ergeben sich, wie wir sehen werden, gleichfalls viele Überschneidungen. Immer aber wird wiederum das klar, was ich schon bei der Besprechung der inneren Reize als eine Feststellung Freuds hervorgehoben habe: Der Traum als Äußerung auf einen Reiz, als Reaktion auf einen Anruf von außen oder von innen, ist nichts anderes als eine Schutzmaßnahme des schlafenden Menschen, den Schlaf so lange wie möglich zu verlängern.

Das Gehirn des schlafenden Menschen antwortet bei der Verarbeitung der von außen oder von innen kommenden Reize mit einem einfachen Traumbild, das nicht aufregend genug ist, um den Schlafenden aufzuwecken.

Hier sei ein einfaches Beispiel angeführt:

In einem Zimmer rasselt neben einem Schläfer ein Wecker. Der Wecker hat ein Klingelwerk mit nicht ganz unangenehmen Glokken. Das Geräusch des Weckers dringt durch die Ohrgänge auf dem Wege über die sinnliche Wahrnehmung des Hörens in den geistigen Apparat des Menschen vor. Würde nun dort das Läuten sofort als das gedeutet, was es wirklich ist, wäre die Aufnahmefähigkeit des Schlafenden nicht durch den Wunsch des Körpers, weiterzuschlafen, verschoben, dann würde der durch das Geklingel angerufene Mensch eben aufwachen, sich strecken und je nach seinem Charakter mit einem fröhlichen Gedanken oder mit einem Fluch aus dem Bett steigen.

Aber so einfach ist die Sache, jedenfalls in vielen Fällen, nicht. Das Geklingel wird aufgenommen – und zu einem harmlosen Bild verarbeitet. Der Schläfer kommt nicht zur Überzeugung, daß da sein Wecker lärmt, sondern sieht einen schönen Pferdeschlitten in St. Moritz mit Schellengeläute durchs Land fahren. Oder es wird dem Schläfer im Traum eine Straßenbahn serviert, deren Führer sich einen Spaß daraus macht, ununterbrochen auf den Läuteknopf zu seinen Füßen zu treten. – Je nach der Tiefe des Schlafes tritt nun folgendes ein: Hört das Klingeln des Weckers bald auf, das heißt, so früh, daß das Traumbild mit dem Schlitten oder der Tram genügt, um den Mahnruf »Du mußt erwachen, du mußt aufstehen!« zu überdecken, dann ist alles gut (oder auch nicht, das kommt darauf an, wie man das Verschlafen ansieht); denn derjenige, der durch das Klingeln aus den Federn gejagt werden sollte, dreht sich um, zieht instinktiv vielleicht die Decke über die Ohren und schläft weiter. Ist das Läutewerk aber sehr stark, dann reicht das Traumbild zur Beruhigung des »Gewissens« und zur Rettung des Schlafes nicht aus. Im Traum kommt der Schlitten immer näher und näher, oder die Straßenbahnklingel macht einen solchen Höllenlärm, daß auf einmal der Faden abreißt – und der Mensch erwacht.

Das war der Zweck und das Ziel des Weckers. Zweck und Ziel sind erreicht. Der Traum hat in diesem Fall versagt.

Auf dem Wege über das Gehör können natürlich auch eine Menge andere Reize eintreffen, die je nach ihrem Charakter und je nach dem Charakter des Schlafenden in Bilder umgesetzt werden. Jemand, der an die Tür klopft, wird bei einem Tiefschläfer seine Bemühungen lange fortsetzen müssen, denn der Schlafende sieht sich etwa in einer Schreinerwerkstatt oder auf einem Bau oder bei einem Fleischhauer oder im Walde bei Holzfällern, so daß das Pochen in ganz erklärliche Bilder umgesetzt werden kann.

Das gleiche gilt für den Lärm, den eine frühmorgens teppichklopfende Hausfrau einem Langschläfer ins Hirn sendet. Ein auf der Straße vorbeiratternder Wagen, ein hupendes Auto – alles kann in Bilder umgesetzt werden, damit der Schlaf gerettet wird.

Aber es muß hier eine kleine Einschränkung gemacht werden: Die Reaktionen sind individuell ganz verschieden. Wenn jemand in seinem Hirn ein starkes Pflichtbewußtsein birgt und die Überzeugung, daß er aufstehen muß, sobald es klingelt oder klopft, dann genügt oft schon der erste Pocher, das kleinste Geläute, um den Schlaf sofort zu unterbrechen. Schließlich gibt es viele Menschen, die überhaupt keinen Wecker brauchen, sondern genau zur festgesetzten Stunde aufwachen. Das Schlafsteuerungszentrum ist in diesen Fällen einem mysteriösen Kommando unterworfen, dessen Eigenarten zu untersuchen über den Rahmen dieses Buches hinausgehen würde. Denn hier soll ja vom Träumen und Schlafen und nicht vom Erwachen die Rede sein.

Was von den Reizen gesagt wurde, die über den Gehörsinn zu unserem Hirn an das Schlafsteuerungszentrum gelangen, das gilt mit den entsprechenden Abwandlungen auch von den anderen Sinnen. Auch sie können so gereizt werden, daß sie die Reize entweder in Bilder umsetzen oder aber das Erwachen herbeiführen.

Ob das eine oder das andere eintritt, hängt davon ab, wann die Störung erfolgt, ob zum Zeitpunkt des Tiefschlafs oder gleich nach dem Einschlafen oder erst – oder schon – an der Schwelle des Erwachens, des Ausgeschlafenseins. Die Nervenverfassung des einzelnen spielt dabei eine große Rolle, die Bändigung der Sinne durch das Schlafzentrum ebenfalls. Es gibt Menschen – glücklich derjenige, der dazu gehört – die überall, wo sie nur wollen, schlafen können. Sie schlafen in einem Zimmer, in dem ein Dutzend Menschen lärmen. Sie schlafen mitten zwischen tosenden und stampfenden Maschinen. Sie brauchen nicht übermüdet zu sein, um schlafen zu können. Sie schlafen ein, weil ihr Schlafsteuerungszentrum ununterbrochen die Formel präsentiert: Laß die andern Krach machen, laß sie lärmen; das alles geht dich nichts an; du schläfst eben! Bei diesen Glücklichen dringt kein Geräusch zu der Schwelle, die den Schlaf in Frage stellt, was unter Umständen die Umdeutung in einen Traum als letzte Rettung erfordert.

Um näher auf die anderen Sinne einzugehen: Ein heller Lichtschein, der auf die Lider des Schlafenden fällt und eine leichte Reizung der Netzhaut erzeugen kann, wird als wunderschöne Himmelserscheinung gedeutet, als Großfeuer oder als riesiges weißes Feld. Der Augenreiz gefährdet den Schlaf allerdings nicht sonderlich, sofern es sich um ein kurzes, einmaliges Ereignis handelt. In den meisten Fällen wirkt jedoch langandauerndes Licht weckend.

Der Geruchssinn kann verhältnismäßig leicht gereizt werden, wie sehr einfache Versuche bewiesen haben. Ein Parfüm, ein Blumenstrauß, vor die Nase eines Schläfers gebracht, können allerlei Träume auslösen, die mit Wohlgerüchen verbunden sind oder sich wenigstens in der Phantasie damit verbinden. Häßliche Gerüche hingegen können die gegenteiligen Reaktionen auslösen, obwohl der Mensch nach den gemachten Erfahrungen unter dem Eindruck häßlicher Gerüche leichter erwacht als unter der Wirkung von Wohlgerüchen, die sich offenbar bequemer, »interessant« und für das Schlafsteuerungszentrum beruhigend bildlich umsetzen lassen. Mit einem scharfen Riechsalz weckt man nicht nur einen Ohnmächtigen, sondern meist auch einen Schläfer auf. Die Einwirkung auf das Gehirn ist offenbar sehr direkt. Die Reizung der Nasenschleimhaut, der Augen, der Tränendrüsen, des Gaumens usw., all dies ist zu stark, um noch durch einen Traum überdeckt zu werden. Man erwacht eben.

Geruchssinn und Geschmackssinn hängen sehr eng zusammen. Der eine Sinn ist ohne den anderen beeinträchtigt und in sehr schweren Fällen sogar ganz aufgehoben. Wer keinen Geruchs- oder Geschmackssinn hat, kann durch Geruchs- oder Geschmacksreize natürlich nicht aufgeweckt oder zu Träumen verleitet werden. Beim normalen Menschen aber kann man durch Benetzen der Lippen mit Zucker oder einem Likör, mit Honig oder Schokolade bestimmte Traumvorstellungen auslösen. Auch vermögen die Bratengerüche, die aus dem ersten, zweiten oder dritten Stock zu dem armen Teufel in der Dachkammer emporsteigen, ihm in seinen Träumen wilde Freßorgien vorzutäuschen.

Diese Umsetzung eines von außen kommenden Reizes ist freilich sehr einfach, wohl die einfachste, die man sich denken kann, denn auch im wachen Zustand können sich ja manche Menschen auf Grund eines Küchengeruchs tolle Dinge ausmalen, indem sie mit offenen Augen träumen. Durch Geruch werden die Pepsin-Absonderungen im Magen so stark gereizt, daß der mit offenen oder geschlossenen Augen Träumende meint, er esse – beinahe.

Ungemein wichtig sind die Reize, die von den Gefühlen ausgehen, also vom Tastsinn. Ein Fuß, der sich unter der Decke hervorgearbeitet hat und nun kalt wird, löst im Traum Wintervorstellungen oder ein kaltes Fußbad, einen Marsch durch ein Schneefeld ohne Schuhe oder dergleichen Unsinn aus. Eine hinuntergleitende Bettdecke, deren Abrutschen gefühlt wird, kann zu einem Lawinenniedergang oder zu einem Bergrutsch werden. Der hinuntersinkende Arm wird als eigener Sturz gedeutet. Jemand, der zum erstenmal in einem neuen, für sein Gefühl zu harten Bett liegt, träumt, man habe ihn zum Schlafen zwangsweise auf einen Schrank oder gar auf das Nagelbrett eines indischen Fakirs gelegt, wo er nun immer und immer bleiben müsse.

Auch hier gibt es natürlich individuelle Unterschiede. Der eine hat sehr sensible Hautnerven und reagiert auf die kleinste Reizung. Für ihn ist jede Fliege, die auf seinem Gesicht herumläuft, ein Anlaß, toll zu träumen, während der andere ohne Traum einfach eine energische Abwehrbewegung macht und weiterschläft, als ob nichts geschehen wäre.

Wer hätte nicht schon einmal einen Schlafenden gekitzelt – mit einer Feder, mit einem Grashalm, mit der Ecke einer Zeitung! Wenn man den Spaß nicht übertreibt, bleibt es bei einigen Grimassen, bei zwei oder drei abwehrenden Handbewegungen. Macht man aber weiter, dann erwacht der Schläfer und ist meist sehr ärgerlich. Am ärgerlichsten sind jene, die infolge des Kitzelns geträumt haben.

Es gibt sehr interessante Fälle, in denen verschiedene äußere und innere, natürliche und künstliche Reize die gleichen Träume und gleichen Vorstellungen und Auslösungen herbeiführen können.

Das Beispiel, das ich hier nenne, ist vielleicht nicht sehr schön, aber ungemein instruktiv und bei der Bedeutung, die man neuerdings dem Harndrang und dem Harnreiz zuschreibt, auch weitgehend und wichtig.

Unter normalen Umständen und bei einem normalen Empfindungsleben erwacht der Mensch durch den Harndrang. Doch das ist nicht immer der Fall. Das hat nichts mit Erziehung, Dressur und Gewohnheit zu tun, sondern hat in vielen Fällen seine Urgründe in charakterlichen Vorgängen, in Neid, in Eifersucht und dergleichen. Dies ist eine ganze Wissenschaft für sich, die mit der Kinderpsychoanalyse eng zusammenhängt. Aber sie ragt auch bis zu den Erwachsenen hinüber.

Erwacht ein schon vernünftig denkendes Kind oder ein Erwachsener nicht durch den Harndrang, dann setzt sich der Reiz meist in einen Traum um, in dem die betreffende Person sich auf der Toilette befindet, also an einem Ort, wo das Urinieren ohne weiteres möglich ist. Die Blase reagiert auf die Vorstellung sofort damit, daß sie sich leert. Wieso der Harndrang nicht stark genug ist, um den Schläfer zu wecken, das ist eine Frage für sich, die teils in die Physiologie, teils in die Psychologie gehört.

Aber nun kommt etwas anderes in der gleichen Linie: Ein im Zimmer des Schlafenden aufgedrehter Leitungshahn oder das Plätschern langsam ausgegossenen Wassers kann als eine Nachahmung des Geräusches vom Harnlassen in der Phantasie des Schläfers – diesmal also über das Gehör – die Vorstellung auslösen, er sei schon dabei, dem Harndrang nachzugeben, indem er sich mit dem Geräusch identifiziert und das Störende dieses Geräusches in seinem Sinne umdeutet. Und wieder – ist es geschehen.

Doch das Spiel geht noch weiter: Hält der Schläfer etwa seine Hand aus dem Bett und taucht man diese Hand in eine Schüssel mit blutwarmem Wasser oder gießt man das warme Wasser langsam über die Hand, dann identifiziert der Schlafende das warme Wasser mit dem Urinfluß, mit der Urintemperatur. Und wieder – ist das Unheil da. Diesmal durch äußere Gefühlsreizung.

Da die normalen Frauen über eine größere Fähigkeit der Harnverhaltung verfügen und sich in diesen Dingen überhaupt besser beherrschen können als die Männer, gilt das vorstehend Gesagte mehr für das männliche als für das weibliche Geschlecht.

Halten wir also fest: Äußere Reize können in der verschiedenartigsten Form in Träume umgesetzt werden. Dabei hat jede derartige Umsetzung genaugenommen den Zweck, den Schlaf zu retten, es nicht zum Erwachen kommen zu lassen. Ist die Traumvorstellung stärker als der störende Reiz und dauert der störende Reiz nicht zu lange, und ist er vor allem nicht zu unangenehmer Natur, dann träumt man eben, aber erwacht nicht, dann schläft man weiter und geht von diesem Traumbild zu einem anderen über, an das man sich unter Umständen erinnert.

Von einigen wenigen Ausnahmen abgesehen, ist der Traum, der eine Antwort auf einen Reiz darstellt, jedoch genausowenig von tieferer Bedeutung wie der Traum, der aus dem Magen und aus dem Blutkreislauf stammt.

Doch je mehr wir die gleichgültigen, die unbedeutenden, die nur schlafrettenden Träume ausschalten, um so mehr nähern wir uns den wichtigen, den ernst zu nehmenden Träumen, um deren Deutung wir uns zu kümmern haben, um daraus für die Erkenntnis unseres Seelenlebens und unserer Verdrängungen den größtmöglichen Nutzen zu ziehen.

### SECHSTES KAPITEL

# Träume als Beispiele

Ehe ich in der Erklärung des Traumphänomens weitergehe, will ich – in immer größerer Annäherung an den wertvollen, an den zu deutenden Traum – einige Beispiele von wahren Träumen anführen, so daß der Leser in der Lage ist, die einzelnen Gruppen deutlicher zu unterscheiden.

Ein junger Mann träumt, er habe eine schwere Last zu schleppen. Er trägt diese Last auf den Schultern, aber sie drückt auf seinen Magen. Er geht eine lange Straße entlang. Sie ist eng und hat rechts und links sehr hohe Häuser, wie man sie hier und da in den Hafenstädten findet. Die Passanten starren ihn an und schütteln den Kopf. Er kommt sich sehr komisch vor. Aber er muß schließlich weitergehen. Dabei merkt er, daß die Bürde auf den Schultern immer schwerer wird. Jetzt hört er hinter sich einen Lastwagen heranrollen – aber ganz leise, so daß er es nicht hören soll; aber er weiß es. Und von dem Lastwagen lädt man ihm immer neue Lasten auf. Er hat den Eindruck, ein ganzes Haus auf den Schultern zu schleppen. Er kommt ins Schwanken. Er stürzt mit der Last . . . und wacht auf.

Der junge Mann fühlt ein schweres Magenbrennen und Leibschmerzen, als Folge einer zu üppigen Mahlzeit am vergangenen Abend. Der Traum ereignete sich etwa eine Stunde nach dem Einschlafen. Die Mahlzeit lag zweieinhalb Stunden zurück.

Im Traum verläßt ein Mädchen das Elternhaus und wartet auf der Straße auf einen Omnibus. Aber im Hausgang war ihr ein Mann mit finsterem Gesichtsausdruck begegnet, der ihrem Blick auswich. Ob er ein Einbrecher war? Oder ein Geheimpolizist? Die Träumende erinnert sich im Traum, daß ihr jemand einmal erklärte, Verbrecher und Polizisten, besonders Geheimpolizisten, hätten oft die gleichen Augen und den gleichen Blick, und der eine verfolge den anderen nur, weil er im anderen seine eigenen Triebe bekämpfe, die ihm immer die Angst bereiteten, sie könnten heute oder morgen zu stark werden.

Sie merkt nun, daß der Mann hinter ihr das Haus verlassen hat und sich bemüht, von ihr nicht gesehen zu werden, während er auch auf den Omnibus wartet. Er stellt ihr also nach.

Da fällt ihr ein, daß auf der gegenüberliegenden Straßenseite eine Freundin wohnt, die mit einem Advokaten verheiratet ist. Wenn sie zu ihr, zu dem Advokaten ginge? Der könnte den Mann stellen und ihn fragen, was er wolle. Er könnte vor allem ermitteln, ob der Mann ein Verbrecher oder ein Geheimpolizist sei.

Wenn sie sich beeilte, dann würde sie den zweiten Stock erreichen, ehe der Mann ihr zu folgen vermöchte. Sie springt also über die Straße, durch die Haustür und rennt die Treppen hinauf. Auf der zweiten Treppe hört sie, daß ihr jemand folgt. Der Mann ist hinter ihr her. Sie läuft – sie nimmt viele Stufen auf einmal. Aber die Treppe wird immer länger, immer höher. Die Treppe wird endlos. Der Mann kommt näher und näher. Sie hätte längst auf dem zweiten Stock sein müssen. Aber es ist wohl aussichtslos, dem Mann zu entgehen.

Jetzt auf einmal sagt sie sich im Traum: »Ach, das ist ja alles Unsinn, ich träume ja nur. Und wenn ich einen hohen Sprung oder einen tiefen Fall tue, dann erwache ich.«

Mit einem raschen Entschluß springt die Träumende über das Treppengeländer in die Tiefe ... und erwacht mit schwerem Herzklopfen und schweißgebadet.

Dieses unangenehme Alpdrücken rührte von einem übermäßigen Kaffee- und Nikotingenuß am vorhergehenden Nachmittag und Abend her. Magen, Nerven und Kreislauf waren gleichermaßen in Mitleidenschaft gezogen worden und hatten jene Schreckensszene projiziert.

Es wird Traumanalytiker geben, die diesem Traum eine tiefere Bedeutung beilegen und versuchen werden, daran herumzudeuten. Ich habe die Tatbestände genau geprüft, und ich sprach die Träumerin vorher und nachher und glaube deshalb, diesen Vorgang als reinen Alpdrucktraum abtun zu können.

Der Träumende, ein Mann von fünfzig Jahren, sitzt in einem trommelförmigen Schwitzbad. Das Schwitzbad ist so gebaut, daß – und dies erscheint dem Träumenden im Traum durchaus logisch – nur die Stirn und ein Fuß hinausragen. Diese seltsame Anordnung ist getroffen worden, damit die Blutzirkulation am Kopf an der Fontanelle und die Temperatur am Fuß kontrolliert werden können. Der Kopf oben und der hinausragende Fuß unten sind eiskalt im Vergleich zu der hohen Temperatur in der Trommel. Je heißer es in der Trommel wird, um so kälter wird es draußen. Von Zeit zu Zeit kommt ein Mann, der wohl ein Arzt ist. Er liest an einer mit einem Schlauch versehenen Weckuhr die Temperaturen ab, die er an Kopf und Fuß mißt. »Hunderachtundsiebzig Grad, hundertneunundsiebzig Grad«, hört der Träumende ihn sagen. Er hört mehrere Personen sprechen: »Wenn die Stirn und der Fuß nicht draußen wären, müßte der Mensch schon längst tot sein.«

Dann vernimmt er auf einmal ein lautes Lachen. Weshalb lacht ihn der Arzt aus? Aber nein, das Lachen klingt wie das seines Bruders. Es wird immer lauter. Ja, es ist das Lachen seines Bruders. Was hat der denn im Schwitzbad zu suchen? Der Träumende will seinen Bruder anrufen, bei diesem Versuch erwacht er. Sein Bruder steht neben seinem Bett und lacht laut.

Der Bruder war in das Zimmer des Schlafenden gekommen und hatte ihn bis zur Stirn zugedeckt gefunden, schnarchend, aber mit einem Fuß an der Luft in einem winterlich durchkühlten Zimmer. Mit dem Fuß machte der Schlafende verzweifelte Bewegungen. Er drehte den Fuß und versuchte die Zehen zu bewegen.

Der Traum ist ganz klar. Die Temperaturunterschiede zwischen der großen Wärme unter der Decke und der der Kälte ausgesetzten Stirn und dem eiskalt gewordenen Fuß riefen ein eigenartiges Gefühl hervor, das sich im Schlafschutztraum in die Schwitzbadgeschichte umsetzte. Das Lachen des Bruders brachte dann den letzten Effekt und schließlich das Erwachen. Äußere Reize – Wärme – Kälte, Gehörnerv-Erregungen – alles war zusammengekommen, um diesen grotesken Traum entstehen zu lassen.

Ein vielgereister vierzigjähriger Mann träumt, er wohne der Einweihung eines Hauses bei. Aber das Haus ist auf einer Hauswerft erbaut und soll nun vom Stapel gelassen werden – vom Stapel auf das Terrain. Nun scheinen sich gewisse feuchte Stellen am Haus selbst und am Terrain gezeigt zu haben. Jedenfalls muß das ganze Haus mit Teer angestrichen werden. Alle zum Stapellauf des Hauses erschienenen Gäste müssen beim Anstrich helfen. Der Teergeruch ist so stark, daß er einem fast den Atem verschlägt.

Auf einmal – ehe man mit dem Anstrich ganz fertig ist – springt im Innern des Hauses ein Motor an. Offenbar der Motor, der den Stapellauf bewerkstelligen soll, sagt sich der Träumende. Das Haus beginnt, von der Helling zu gleiten. Aber es zittert dabei. Es rutscht von dannen, mit starkem Stampfen und Rollen und Stoßen. Es gleitet und gleitet – und verschwindet endlich in der Ferne. Aber der Mann erwacht von dem Zittern der Werft.

Er hatte, als Eisenbahner im Nachtdienst tätig, am hellen Sommertag bei weit offenem Fenster nachmittags geschlafen. Auf der Straße vor dem Fenster aber begann man inzwischen mit einer Reparatur. Man erhitzte Teer. Und der starke Rauch wurde durch einen Windstoß in das Schlafzimmer geweht, wo der Geruch jenen Reiz hervorrief, der sich in »Hausanstrich mit Teer« umsetzte. Das Stampfen und Stoßen rührte von den Stoßhämmern her, mit denen die Arbeiter den Belag aufzureißen begannen. Solange der Lärm um den Stapellauf sich mit dem Stoßen und Klopfen vereinbaren ließ, träumte der Mann einfach weiter. Erst als das Getöse allzu laut wurde, erwachte er, zumal inzwischen der Teergeruch sehr stark geworden war.

### SIEBENTES KAPITEL

## Die Warnung durch den Instinkttraum

Der Leser weiß nun, daß Träume durch äußere Reize und durch innere Reize rein körperlicher Art hervorgerufen werden können, indem der Traum die Reize einfach zweckmäßig umdeutet. Der Zweck der Umdeutung und des Traumes ist in diesen Fällen, den Schlaf zu retten, es nicht zum Erwachen kommen zu lassen. Ist der Reiz nicht zu stark, ist das Bild nicht zu aufregend – meist entsprechend der Stärke des Reizes – dann gelingt dieser Trick des Gehirns und des Körpers. Das ist vor allem dann der Fall, wenn der Reiz nicht zu lange andauert. Denn sonst durchbricht die Störung die Traumsperre, die das Schlafsteuerungszentrum (das wir theoretisch als Tatsache angenommen haben) aufgerichtet hat, und der Mensch erwacht.

Die Reize können, wie wir gesehen haben, von außen kommen. Sie wirken dann in Gestalt von Geräuschen, Gerüchen, Berührungen, Lichterscheinungen auf den Schlummernden ein und drohen seinen Schlaf zu stören. Aber sie können auch von innen kommen – aus dem Magen, aus den Eingeweiden, aus dem Blut, aus dem Kreislauf, aus den Muskeln, aus den Nerven. Die kleinsten Störungen im Säftehaushalt oder im Nervensystem des Menschen können sich als Reize manifestieren, die stark genug sind, um zu einem Traum zu werden.

Wie schon gesagt, diese durch körperliche oder körperlich wahrnehmbare Reize verursachten Traumerregungen führen zu Traumvorstellungen, die ohne tiefere Bedeutung sind. Diese Schlafschutzträume sind eben nur Schutzmaßnahmen.

Meist kann man allerhöchstens aus der Art der Schutzbilder des Traumes Schlüsse auf die momentane Stimmung, die bevorzugten Gedankengänge, die Charakterschwankungen ziehen; aber wohlverstanden nur aus der Wahl der Bilder, nicht aus dem Inhalt, dem Geschehen im Traum.

Ehe wir zum eigentlichen zu deutenden Traum kommen, müssen wir noch eine Traumart behandeln, die ungemein interessant ist und stärkste Beachtung verdient, weil sich hier der Reiztraum und der Tiefentraum bereits überschneiden, einander nähern, indem sich die Grenzlinien verwischen.

Es handelt sich um den Warntraum, um den Instinkttraum. Er kann, aber er muß nicht aus der Tiefe kommen. In den meisten Fällen nimmt er Tatsachen zum Anlaß, die im Alltagsleben vorkommen und die entweder »Anreger« oder »der I-Punkt« in einer Gedankenkette sind.

Jeder hat wohl schon von sogenannten prophetischen Träumen gehört, von Träumen, die kommende Ereignisse vorwegnahmen oder im gleichen Augenblick geschehende Vorgänge an einem ganz anderen Ort im Traum erleben ließen. Es ist nicht meine Absicht, hier auf das schwere parapsychologische Gebiet der Hellsehträume einzugehen. Das würde den Rahmen dieser Abhandlung weit überschreiten. Ich will nur von den voraustastenden Träumen sprechen, die als »Verdauungsresultate« von mancherlei Gedanken, als Ergebnisse der durch jüngste Tagesbilder angeregten Ideen im Traum an die Oberfläche drängen.

Sie sind nicht immer direkte Warnträume, sondern oft einfache Tagesreflexe, über die man eigentlich vor dem Einschlafen noch hätte nachdenken müssen, die man dann aber mit in den Schlaf hinübergenommen hat. Man machte sich im Wachen und im Schlaf »Gedanken«. Das Ergebnis ist dann eben mitunter ein Traum.

Aber neben den einfachen Reflexen gibt es die richtigen Warnträume, die tatsächlich die Brücke bilden zu den Tiefenträumen, zu den echten, wichtigen und zu deutenden Träumen.

Die Warnträume, die Instinktträume unterscheiden sich von den Tiefenträumen nur dadurch, daß sie nicht unbedingt Vorgänge des Seelenlebens, der wirklichen Tiefe zu betreffen brauchen, sondern sich an der Oberfläche bewegen und auch äußere Dinge zum »Objekt« haben können, die psychologisch banal, menschlich und sachlich aber wichtig sein mögen. Dabei ist unter dem »Objekt« das zu verstehen, wovor gewarnt wird, das, was zum Gegenstand eines Instinktalarms in uns und damit in unserem Schlaf und vom Schlaf aus in unserem Traum wird.

An sich könnte der Instinkt ja auch dem wachen Menschen einen Fingerzeig geben, ihm sagen: Tu das und jenes nicht, handle so und so. Aber es ist eben unser Schicksal, daß wir »dummerweise« zu denkenden Menschen geworden sind und dort mit unserer Vernunft dazwischenfunken, wo wir sie besser im Hintergrund lassen würden. Die Vernunft sagt einfach, dies und das wäre recht, und jener andere »verdiene« es, daß man ihm so und nicht anders begegnet. Und der Instinkt, die richtige Ahnung, kommt dann beim wachen Menschen nicht mehr durch, wird nicht mehr zum Gedanken, zur Wirklichkeit.

Und so sucht – wenn der Mensch Glück hat oder das Objekt zufolge dem Instinkt sehr wichtig ist – der Warnruf im Traum seinen Weg nach außen. Es erfolgt eine Projektion in das schlafende Hirn hinein, so nachdrücklich, daß der Schlafende sich nachher daran erinnert. Damit hat der Instinkt sein Äußerstes getan.

Dann ist es gewiß nicht seine Schuld, wenn der Schläfer erwacht, einen Moment betroffen bedenkt, was er im Traum sah, »überlegt« und schließlich knurrend sagt: »Ach, alles Unsinn!« – um dann weiterzuschlafen. Wirklich, das ist dann nicht die Schuld des Instinkts, sondern der Fehler dessen, der sich überlegen dünkte mit seinen eigenen dummen Gedanken.

Hüten wir uns, Warnträume als ängstliche Hirngespinste abzutun. Die Weisen, die die Bibel schrieben, waren lebensklug genug, im Buch Hiob 33, 14/18 Sätze aufzunehmen wie diese:

»Wahrlich, Gott redet einmal und zum zweitenmal, aber man beachtet es nicht im Traum, im Nachtgesicht, wenn tiefer Schlaf die Menschen überfällt, da öffnet er das Ohr der Menschen und erschüttert sie durch Schreckbilder.«

## *Der geplante Raubüberfall*

Wir berichten nachstehend einen nachgeprüften, echten Warntraum:

Wie dunkel, wie bedrohlich diese Treppe auf einmal aussah. Frau Elfriede Sch. war nun diese Treppe seit Jahr und Tag hinaufgestiegen und kannte jede Stufe. Aber nie war ihr die Stiege so hoch erschienen.

Ihr war, als liege Gewitterstimmung über dem ganzen Haus, als greife diese Angst nach ihr, als flüsterten die Stufen und die Blumen in den Tapeten:

»Sei vorsichtig, oben wartet jemand hinter der Tür auf dich, jemand, der für dich gefährlich ist, der dich töten will! Geh nicht weiter! Kehr um!«

Sie ging dennoch die Treppe hinauf. Auf einmal hörte sie Stimmen, die aus der Wand hallten, als riefen sie durch eine hohe Kirche, durch eine Kathedrale. Es dröhnte in ihrem Kopf.

»Vorsicht, Gefahr! Vorsicht, hüte dich!«

Jetzt konnte sie ihre Wohnungstür öffnen. Da standen rechts und links hinter der Tür zwei Männer, zwei dunkle Gestalten. Frau Elfriede konnte keinen Fuß mehr vor den anderen setzen. Sie fühlte, wie die Treppe sich unter ihr zu drehen begann wie eine Rolltreppe, die sie in die Tiefe zog . . .

Mit einem furchtbaren Angstgefühl erwachte sie.

Sie hatte nur geträumt. Aber sie fühlte, wie ihr Herz raste.

»Du mußt ruhig und vernünftig sein. Dieser Traum ist doch Unsinn! Du wohnst in einem gepflegten Haus, in das sich so leicht niemand einschleichen kann.«

Doch am nächsten Tag ging dieser Traum ihr nach. Sie besann sich, daß in den letzten 14 Tagen zweimal jüngere Leute an der Tür nach irgendwem gefragt hatten, der gar nicht im Haus wohnte. Viermal hatte das Telefon in den letzten 48 Stunden geläutet, ohne daß jemand geantwortet hatte, als sie abhob. Wollte man nachprüfen, ob sie zu Hause weile oder wann sie da sei?

Auf der Straße hatte sie beobachtet, daß Personen, die sie nie richtig ins Auge fassen konnte, sie verfolgten, ihr nachgingen.

Noch am gleichen Vormittag brachte sie ihren Schmuck, alle Werte in einen Safe in der Bank. Später am Nachmittag ließ sie eine Sperrkette und ein neues Sicherheitsschloß anbringen. Dieser Traum war ihr in die Glieder gefahren.

Zwei Tage später kam ein Kriminalbeamter. »Hatten Sie in den verflossenen Wochen in der Nähe dieses Hauses irgend etwas Auffälliges beobachtet? Wir haben nämlich in der vergangenen Nacht eine Gangsterbande aufgespürt, die verschiedene Raubüberfälle in Wohnungen ausführte. In der Tasche eines dieser Gangster fanden wir Ihren Namen und Ihre Adresse. Der Betreffende hat gestanden, daß Sie das nächste Opfer sein sollten.«

Sie war noch einmal gut davongekommen, weil sie so vernünftig, so klug der Warnung im Traum entsprochen hatte.

### *Die Tragödie der Marcella Mariani*

Im sinkenden Tag, als sich plötzlich eine Nebelwand vor dem Felsenhang des Monte Terminillo in den Apenninen legte, zerschellte ein Flugzeug an den steinernen Wänden, die keine Gnade gaben.

Niemand wurde aus dem Feuer, aus dem splitternden und zerreißenden Metall, aus den Explosionen, die sich in Sekundenschnelle auf engstem Raum ereigneten, gerettet.

Aber ein schönes Mädchen, die italienische Schönheitskönigin Marcella Mariani, selbst ein Opfer dieser Tragödie, hatte alles im voraus gewußt.

Sie hatte ihrer Mutter einen Brief geschrieben, den diese zwei

Tage nach dem Tod ihrer Tochter am Felsenhang des Monte Terminillo erhielt. In diesem Brief hieß es:

»Liebe Mutter!
Ich hoffe, daß dieser Brief einen anderen Weg nimmt als ich, mit einem anderen Flugzeug reist als mit dem, das ich benutze. Ich habe in der letzten Nacht einen furchtbaren Traum gehabt. Unser Flugzeug zerschellte an einem riesigen Hang. Ich stürzte in eine riesige Schlucht. Um mich her war nur Feuer. Und dann war alles hell, als sei ich in der Sonne, der ich aber in Wirklichkeit entgegenflog.

Ich war krank, als ich erwachte, ich rang nach Luft. Ich will Dir keine Angst machen, Mutter, aber mein Herz klopft, ich habe einen entsetzlichen Alpdruck auf meiner Seele, und doch wage ich es nicht, von diesem Flug zurückzutreten. Man könnte sonst über mich lachen!«

Vier Stunden, bevor die Todesmaschine startete, ließ Marcella Mariani den Arzt Dr. William Tertzy kommen. Sie hatte Fieber. Der Herzschlag war unregelmäßig. Sie klagte über Nervenschmerzen. Sie erzählte dem Arzt, daß sie einen entsetzlichen Angsttraum gehabt habe und seit dieser Stunde krank sei. Zweimal habe sie im Laufe der Nacht, in dieser Traumnacht, Wasser in ihre Karaffe nachfüllen lassen. Sie hatte Beruhigungstabletten genommen. Das Zimmermädchen sah, wie sie vor ihrem Bett kniete und betete.

Dann kam alles genauso, wie Marcella Mariani es geträumt hatte. Sie flogen gegen einen Berg. Nur 4,5 m fehlten und sie wären über den Berg hinweggewesen. Aber der Traum behielt recht. Die Radar-Peilgeräte hatten sich geirrt. Der Wahrtraum der Marcella Mariani wußte um das Ende. Aber Marcella wagte nicht, auf die Warnung zu hören.

### *»Fahre dieses Rennen nicht!«*

Nie zuvor hatte José Maria Sert, der Kunstmaler, seine Gattin, Prinzessin Nina Mdivani, so nervös gesehen. Sie war mitten in der Nacht aufgestanden, war durch die Wohnung geeilt, hatte lange am Fenster gestanden, dann ihre Stirn unter fließendem Wasser gekühlt und schließlich mitten in der Nacht telefoniert.

Sie rief im Hotel Ritz in Paris an.

»Wohnt bei Ihnen Prinzessin Barbara Mdivani, die frühere Barbara Hutton, die Millionenerbin? Ist sie da, verbinden Sie mich sofort – jawohl – auch jetzt mitten in der Nacht!«

Der diskrete Portier antwortete, daß Prinzessin Barbara Mdivani noch nicht in ihrem Appartement sei.

»Die Prinzessin befindet sich in Gesellschaft des Grafen Haugwitz-Reventlow. Ich weiß nicht, ob ich stören darf.«

»Sie dürfen stören. Bitte – rufen Sie sie sofort! Sagen Sie, daß ich, Nina Mdivani, sie sofort sprechen muß!«

Während man Barbara Hutton, die zu diesem Zeitpunkt von Prinz Mdivani noch nicht geschieden war, suchte, stand Prinzessin Nina nervös am Telefon. Sie hatte nur drei Menschen auf der Welt, an denen sie hing, nachdem ihr Vater gestorben war: ihren Mann, ihren über alles geliebten Mann, José Maria, und dann ihre beiden Brüder Alexis und Serge.

Jetzt meldete sich Barbara.

»Hier spricht Nina. Hast du eine Ahnung, wo Alexis ist? Ich muß ihn unbedingt erreichen, unbedingt! Was sagst du? In San Sebastian? Beim Rennen? Er will morgen daran teilnehmen? Ich habe geträumt, daß Alexis tödlich verunglückt – ich sah ihn in einem lichtblauen Wagen. Und daneben war ein anderes Fahrzeug – dunkelrot! Ein Reifen muß geplatzt sein. Zwei Wagen prallen gegeneinander, und auf einmal . . .«

Barbara zauderte einen Augenblick. Aber dann sagte sie die Anschrift ihres Gatten Alexis Mdivani, mit dem sie im guten auseinanderzugehen im Begriff war. Am nächsten Morgen hielt er, bevor das große Rennen von San Sebastian begann, das verschlossene Telegramm in der Hand. Er öffnete es nicht, sondern meinte lächelnd:

»Ich bin abergläubisch. Man soll vor einem Rennen kein Telegramm lesen. Es nimmt einem die Nerven, wenn eine schlechte Nachricht darin ist.«

So fand man in der Tasche des kurz darauf tödlich verunglückten Alexis Mdivani das ungeöffnete Telegramm mit der Warnung seiner Schwester Nina:

»Alexis, ich beschwöre Dich, fahre in diesem Rennen nicht. Ich sah Deinen Wagen verunglücken. Ich sah Dich tot. Ich flehe Dich an – fahre nicht!«

*Rettung in letzter Minute!*

Als Luftmarschall Sir Viktor Goddard einen Langstreckenflug von Schanghai nach Tokio antreten wollte, trat ihm plötzlich ein englischer Flugkapitän in Schanghai entgegen:

»Unmöglich, Goddard, daß Sie noch leben. Ich habe Sie in meinem Traum tot gesehen. Sie sind abgestürzt. Ich kann Ihnen genau erklären, wie es war. Sie kamen in eine Eiswolke hinein. Dann verloren Sie an Höhe. Als Sie dann den Boden berührten, hätten Sie mit dem Leben davonkommen können, wenn Sie ganz hinten – im Schwanzende der Maschine – gewesen wären!«

Goddard schüttelte den Kopf und lachte. Er glaubte nicht daran. Vier Stunden später wußte er, daß der Traum kein Unsinn war.

Sie waren in diesem Eissturm, sie verloren an Höhe. Sie mußten irgendwo auf einer Insel eine Notlandung zwischen zerklüfteten Felsen versuchen. Goddard befahl seine Seele dem Himmel und gab denen, die mit ihm flogen, Anweisung, sich wie er in Decken eingehüllt in das Schwanzende der Maschine zu flüchten, als das Flugzeug die Höhe nicht mehr halten konnte und abstürzte. Sie kamen alle, wenn auch verletzt, davon.

Auch das Alltagsleben bietet täglich Beweise für Warnträume.

In Belfast sah die Frau eines Bergmanns im Traum, daß das Seil des Förderkorbs an drei Stellen gerissen war. Sie flehte ihn an, unter keinen Umständen den Förderkorb zu benutzen, ohne das Seil geprüft zu haben. Beim Aufwinden stand er neben dem Seil. Er sah drei brüchige Stellen, an denen das Seil jeden Augenblick reißen konnte. Dutzenden von Menschen wurde so das Leben gerettet – durch den Traum einer einfachen Frau.

Ob wir Warnträume erklären können oder nicht: Wir sollten auf die Warnungen achten, die uns aus den Tiefen unserer Seele im Traum zugetragen werden. Nur zu oft war der warnende Ruf letzte Rettung in höchster Not.

Wir können also aus dem Gesagten folgende Lehren ziehen:

Jeder Traum, der nicht als sogenannter Tiefentraum zu betrachten ist, jeder Traum ferner, der nicht durch äußere oder innere Reize, d. h. durch Geräusche oder Verdauungsvorgänge erklärt werden kann, verdient unsere Aufmerksamkeit.

Diese Beachtung ist um so dringender notwendig, wenn es sich um eine klare Warnung handelt, um einen Hinweis auf Vorgänge, die uns effektiv gefährlich werden können.

Unser Gehirn arbeitet auf der Stufe des Unterbewußtseins scharfsinniger als wir mit all unserer Logik und Vernunft.

### ACHTES KAPITEL

# Träume künden Krankheiten an

Bei vielen Völkern der Vergangenheit galten die Träume als heilig. Man nannte sie in einem Atemzug mit der Deutung der Sterne und dem Vogelflug. Jedenfalls zogen die Ärzte jener Zeit oft die Träume zu Rate, wenn sie einen Patienten untersuchten, dessen Krankheit ihnen rätselhaft schien.

Sie waren bereits zu der Überzeugung gelangt, daß die Träume meist eine körperliche oder seelische Ausgleichsfunktion erfüllten. Die Träume erwuchsen aus einer seelischen oder körperlichen Störquelle.

Die moderne Wissenschaft hat jene uralten Erkenntnisse bestätigen müssen. So kommt es, daß in der modernen Medizin Träume in manchen Fällen als wichtige Vorzeichen körperlicher oder psychischer Veränderungen gewertet werden. Aus Traumsymbolen können mitunter wichtige Schlüsse auf die Organe gezogen werden, auf die die Träume aufmerksam machen wollen. Träume müssen keineswegs Krankheiten ankündigen, aber sie können es.

Hier einige Beispiele:

### *Helgas furchtbarer Alpdruck*

Helga R., 17 Jahre, hatte nachts im Schlaf laut geschrien. Ihre Stimme klang so gequält, daß ihre Mutter herbeieilte. Sie fand aber Helga in tiefem, scheinbar ruhigem Schlaf. Die Mutter weckte das Mädchen und fragte Helga, was gewesen sei. Helga besann sich, einen entsetzlichen Verfolgungstraum erlebt zu haben, einen Alpdruck, der sich nun schon seit mehreren Tagen immer wiederholte.

Als am nächsten Tag zufällig ein Arzt bei Helgas Eltern zu Gast war und man ihm von der seltsamen Wiederkehr dieser Angstträume erzählte, horchte er auf und verlangte, daß man Helga so schnell wie möglich einem Herzspezialisten zu einer sorgfältigen Untersuchung der Kreislauffunktionen zuführe.

Bei diesen Untersuchungen ergab sich nun, daß im Bereich des Herzens Verkrampfungen, Verwachsungen bestanden, die nur teilweise rheumatischen Ursprungs waren und sofortiger Behandlung bedurften.

Die Träume hatten gewarnt. Die Art der Träume verriet dem Arzt, wo des Übels Ursprung sitzen müsse.

*Lähmung – vorausgewußt*

Dreimal träumte Heinz W., daß sein linkes Bein plötzlich zu Stein geworden sei. Dieses Bein war – im Traum – so hart, so empfindungslos, daß er lachend zusah, wie andere mit Hämmern auf dieses Bein einschlugen.

Vier Tage später stellte sich ganz plötzlich im linken Bein eine Lähmungserscheinung ein, die vorher durch kein anderes Anzeichen vorauszuahnen war. Es handelte sich um eine Lähmung, die vom Zentralnervensystem ausging. Der Traum hatte den Lähmungsvorgang »vorausgewußt«.

In der medizinischen Wissenschaft sind Dutzende von Fällen bekannt, in denen Patienten berichten, daß sie träumten, von einem Tier am Bein oder am Arm gebissen zu werden. 20 bis 25 Tage später entwickelte sich an der betreffenden Stelle ein geschwüriger Prozeß, der zur Zeit des Traums durch nichts vorauszusehen war. Das Unterbewußtsein ahnte, was kam.

Der französische Physiologe und Traumforscher Prof. Dr. Lhermite faßte nach jahrelangen Untersuchungen das Ergebnis seiner Forschungsarbeit in folgende Worte zusammen:

»Viel häufiger als der Träumer und bis zum heutigen Tag auch der Traumanalytiker es wahrhaben wollten, künden Traumerlebnisse Unfallbereitschaft oder aber eine sich anlassende Krankheit im Organismus an!«

Die Biologen neigen zu der Auffassung, daß physiologische Warnträume oft durch Störungen in der Ernährung der Neuronen erklärt werden können. Diese Störungen aber ergeben sich aus einem langsam anlaufenden Krankheitsprozeß, den das Wachbewußtsein noch nicht registriert.

Neuronen sind die zellenmäßigen Bausteine des Nervensystems, die aus einer Nervenzelle mit mancherlei Fortsätzen bestehen. Mehrere hintereinander geschaltete Neuronen bilden im Nervensystem eine Leitbahn.

Tritt eine Störung in der Ernährung der Neuronen auf, dann ist im Gesamtverband Seele und Körper der Kreis geschlossen, der den Menschen physiologische Vorgänge träumen läßt, die richtig gedeutet und vom Arzt verstanden, wichtige Warnungen darstellen können.

Die Erfahrung lehrt, daß bei den Traumsymbolen das Unterbewußtsein in der Traumsprache eine ganz bestimmte Einteilung des Körpers immer wiederholt.

Sehen wir z. B. im Traum ein Haus, dann beziehen sich die Ereignisse, die wir an diesem Haus beobachten, auf Vorgänge an unserem eigenen Organismus. Dabei gilt:

der Dachstuhl = Kopf
oberstes Stockwerk = Brustkorb
mittleres Stockwerk = Eingeweide
erster Stock = Unterleibsorgane
Hochparterre und Parterreräume = Oberschenkel, Beine im allgemeinen und Füße.

Dr. Mourly-Vold stellt fest, daß Träume, in denen ein Mensch durch lange, enge, endlos in sich verschlungene Gänge irrt, auf Krämpfe, Spasmen, Beschwerden in den Eingeweiden zurückzuführen sind.

Zirkusträume mit waghalsigen Experimenten treten auf bei Menschen mit Überfunktion der Schilddrüse.

Träume, in denen getrommelt wird bzw. das Empfinden vorherrscht, zu enge Schuhe zu tragen, oder Menschen sich vergebens bemühen, ihre Füße in enges Schuhzeug hineinzuzwängen, zeigen sich bei Menschen, deren Nervensystem stark »angeschlagen« ist und die licht- und lärmempfindlich geworden sind.

Träume, in denen man durch enge Gassen schleicht, durch winklige Straßen geht und fürchtet, im nächsten Augenblick durch zusammenstürzende Häuser, Berge oder Mauern erdrückt zu werden, verraten Erkrankungen der Atmungsorgane, vor allem Störungen der Bronchien.

Taumeln am Rand von Abgründen, Gefahr, von furchtbaren Tieren mit weitaufgerissenem Rachen verschlungen zu werden, wird geträumt, wenn der Mensch aus dem seelischen Gleichgewicht ist und ernsthaft unter Lebensangst leidet.

Die Erforschung des Traumlebens beschreitet seit einiger Zeit ganz neue Wege, indem versucht wird, Träume künstlich zu erzeugen, während gleichzeitig die Menschen, die sich zu diesen Experimenten zur Verfügung stellten, vorher in Hypnose die Postsuggestion, also die nachträglich wirkende Suggestion, mit auf den Weg bekamen, aus dem Unterbewußtsein heraus im

Schlaf und ohne zu erwachen ein Zeichen zu geben, wenn der Traum beginnt und – zu Ende geht.

*Krankheitserlebnisse im Traum*

Direkte Krankheitsträume haben freilich meist einen ganz anderen Sinn. Es ist für jeden, der selbst seine Träume analysieren will, von Wichtigkeit, zu erfahren, was diese Krankheitsträume sinnvoll bedeuten können, wenn es sich nicht um Hinweise auf tatsächliche Erkrankungsvorgänge handelt.

Wir lassen hier die häufigsten, immer wiederkehrenden Krankheitsbilder folgen, die uns in Träumen direkt als Kranke auftreten und handeln lassen. Wir werden sehen, daß diese Krankheitsträume einen ganz anderen Sinn haben, als wir im ersten Augenblick erschrocken vermuten:

Operation = Notwendigkeit, in einschneidender Weise eine Änderung in wichtigen Dingen vorzunehmen;

Herzkrankheit = gewisse Liebesvorgänge wickeln sich nicht so ab, wie wir es erwarten. Wir sind nicht herzkrank, sondern in bezug auf unser Herz im symbolischen Sinne gekränkt;

Schweres Fieber = in uns brennt die Glut einer Leidenschaft, die unter Umständen gefährlich werden kann, denn allzu hohes Fieber – so weiß unser Unterbewußtsein – ist verhängnisvoll;

Magenleiden = wir sind nicht in der Lage, einen gewissen Lebensvorgang, eine Enttäuschung, zu verdauen. Wir werden mit einer Situation nicht fertig;

Lähmung = mit uns oder in der Abwicklung einer Angelegenheit geht es nicht mehr so weiter, wir kommen nicht vom Fleck. Es ist notwendig, neue Wege zu erschließen oder Türen zu öffnen;

Krebserkrankung = das Symbol muß auf den Krebs als Tier zurückgeführt werden. Wir schreiten nicht vorwärts, sondern wir gehen zurück. Wichtig ist, daß dieser Traum fast nur von Personen um das 50. Lebensjahr geträumt wird;

Offene Wunden = Dinge, die an sich verhüllt bleiben mußten in unserem Leben, sind symbolisch aufgerissen. Damit sind wir einer gewissen Gefahr ausgesetzt;

Augenleiden = wir sind nicht imstande, das Leben richtig zu sehen, Dinge, die wir unbedingt klar erkennen müßten, so zu würdigen, wie sie es verdienen, d. h. unsere psychische Fähigkeit des Sehens ist beschränkt.

Aus diesen wenigen Beispielen ersehen wir, daß wir keinesfalls kurzsichtig annehmen dürfen, daß Träume, in denen unser Organismus eine Störung, eine Unterbrechung seines Gleichgewichts zeigt, Symbolträume für echte Krankheit und für ein wirkliches körperliches Leiden sein müssen. Der Traum versteht es, doppelt zu spielen.

Bei den meisten Instinkt- oder Warnträumen verhält es sich so: Die nicht in Tageshelle, sondern in der Tiefe arbeitende, beinahe automatisch und deshalb vielleicht logischer und weiter sehende Gehirntätigkeit besteht darin, die hereinkommenden Faktoren, die Eindrücke, Vorgänge, gesprochenen oder gedruckten Worte aufzunehmen und einzureihen. Aus dieser Zusammenstellung ergibt sich nur ein einziger logischer Schluß, der nach den gegebenen Faktoren richtig sein muß. Betrachten wir das Tier: Es empfängt die Eindrücke und zieht daraus ohne Nachdenken seinen Schluß, in bestimmter Weise zu handeln – instinktiv. Das kann durch Jahrtausende hindurch so gehen und zu Momentreaktionen führen, indem immer die gleichen Umstände stets die gleichen Schlüsse nach sich ziehen. Dadurch entstehen dann die meist so erstaunlich richtigen Instinkthandlungen bei Tieren, die kaum oder gar kein Gehirn haben, sondern nur ein Rückenmark als ausreichenden Speicher für Instinktreaktionen.

Daß bei uns die Instinktvorgänge verschüttet sind, wissen wir. Das geht, wie man bei dem angeführten Traumbeispiel gesehen hat, so weit, daß wir es mit unserer Vernunft immer besser wissen wollen. Im besten Fall manövrieren wir uns auf einen ganz falschen, »vernunftgemäß« gebauten Weg, den wir mit all unserer Intelligenz lange Zeit, ein ganzes Leben hindurch verteidigen, um uns am Schluß zu gestehen, daß der Weg eben doch falsch war. Man hätte dem ersten Gedanken folgen sollen, der »Intuition«.

Wenn wir die Intuition als eine Handlung betrachten, die nicht auf selbst zusammengetragenen Schlüssen, sondern auf unmittelbarer Erkenntnis beruht, dann nähert sich die intuitive Handlung stark der Instinkthandlung. Das heißt, wenn wir als Handlungen aus Instinkt oder als Gedanken aus Instinkt diejenigen betrachten, bei denen immer nur die Erkenntnis des unmittelbaren Zieles bewußt und vorhanden ist. Die Einordnung in allgemeine Zwecke fehlt dabei, auch der Einblick in die Beweggründe.

Rechenaufgaben des Lebens, bei denen wir auf einmal das Resultat vor uns haben und als richtig hinnehmen sollen, obwohl wir die verschiedenen Faktoren der Rechnung gar nicht im einzelnen, in ihrem Wert, in ihrer Placierung in der Addition kennen: Das sind die Warnträume.

Sehr wenige Menschen führen heutzutage noch ein Traumbuch und ein Tagebuch. So wissen wir nur in ganz wenigen Ausnahmefällen, was für Träume sich beispielsweise in dem Hirn von Menschen präsentieren, die dann »durch eigenes Verschulden« oder unter unvorhersehbaren Umständen den Tod fanden. Nur wer dem Warntraum folgt, kann ja später davon berichten, falls er sich darauf besinnt, daß ein Traum ihn warnte.

Für den Alltagsmenschen ergibt sich, wenn in seinem Schlaf ein ganz klarer Warntraum durchbricht, die dringende Mahnung, einen solchen Traum zu beachten. Die Fingerzeige in Warnträumen sind meist sehr eindeutig. Oft sind nur lächerlich kleine Maßnahmen erforderlich, um dem Warntraum zu entsprechen und einer Gefahr aus dem Wege zu gehen, so daß ein Unheil verhütet wird.

Interessant ist nun, daß Warnträume dann am richtigsten sind, wenn sie sich auf Umstände, Gegenstände, Örtlichkeiten beziehen. Dagegen darf man nicht jeden Traum, der sich auf eine Person bezieht, als Warntraum nehmen, denn wir verarbeiten oft Gehörtes, Gerüchte, das Gerede böser Zungen zu einem Traum, weil wir es einfach mit der Vernunft nicht fassen können. Und dann kann dieses Unverdaute als Traum durchbrechen. Deshalb die Mahnung, nicht jeden ungünstigen Personentraum für krasse Wirklichkeit und als persönlich gedachte Warnung zu nehmen.

Auch hierbei soll man versuchen, intuitiv der ersten Idee zu folgen, nachdem man erwacht ist und sich den gehabten Traum überlegt.

Eine sehr interessante Erklärung bietet sich nach dem Gesagten übrigens für sogenannte große prophetische Träume. Allerdings möchte ich sie nicht als richtige oder einzige, sondern nur als mögliche Erklärung bezeichnen.

Prophezeien heißt ansagen, daß etwas geschehen wird. Einen prophetischen Traum haben, bedeutet also Bilder sehen, von denen der Träumende nach dem Erwachen sich – oder anderen – sagt, daß das, was er im Traume sah, so oder ähnlich geschehen wird.

Ein Mensch mit einer stark entwickelten Intuition vermag – auch ohne zu träumen und indem er die in Frage kommenden Teilfaktoren zur Kenntnis nimmt – Voraussagen zu machen, von denen zwanzig bis vierzig Prozent, mitunter sogar noch mehr, richtig sein können.

Ein Traum kann prophetisch, also in der Voraussage zutreffend sein, indem unbewußt und unterbewußt die für die Beurteilung eines kommenden oder möglichen Ereignisses notwendigen Einzelheiten aufgenommen und »geistig verdaut« zu einem Resultat verarbeitet werden. Die unterbewußte oder intuitive oder instinktive Schluß-Addition kann – wie sich dann durch die tatsächlichen Ereignisse erweist – in einem solchen Traum richtiger sein als die rationale Überlegung. Dies um so eher, wenn das verarbeitende Hirn die Faktoren richtig und ohne zu große Komplizierungen zusammengestellt hat.

Auch überraschende Lösungen von schwierigen mathematischen oder naturwissenschaftlichen Problemen im Schlaf sind nicht selten und bei sogenannten genial arbeitenden Personen sogar häufig. Sagt nicht der Volksmund: »Den Seinen gibt's der Herr im Schlaf!«

Ich wiederhole ausdrücklich: Meine Darlegungen beziehen sich nur auf diejenigen Fälle von Warnträumen, die ohne Komplikationen als solche zu erkennen sind. Ich will der Parapsychologie das Terrain keineswegs streitig machen.

Wenn es der Parapsychologie gelingt, eine bessere, stichfestere Theorie und Erklärung des prophetischen Traumes zu bieten, soll sie gern anerkannt werden – als neue Bresche in den Wall des Geheimnisvollen, der uns bei allen Deutungen und Erklärungen noch immer umgibt.

### NEUNTES KAPITEL

## Wenn Kinder träumen

Wenn wir als Erwachsene uns mit Träumen herumplagen müssen, deren Deutung uns dann im Wachbewußtsein Sorgen bereitet, nehmen wir oft die Traumerlebnisse als Folgen unseres nervösen Alltagslebens hin. Aber Kinder träumen oft genau wie wir, oft sogar lebhafter, als die Erwachsenen es vermögen. Diese schweren Kinderträume enthüllen häufig nicht nur Konflikte der Kinderseelen, sondern sie sind in manchen Fällen wichtige psychologische Vorzeichen.

Der kleine Karl-Heinz zitterte wie Espenlaub, als er zur Mutter ans Bett kam und ihr zuflüsterte, er habe furchtbare Angst, denn er habe eben geträumt.

Was ein Traum war – das wußte er schon. Manchmal konnte er, der Vierjährige, freilich noch nicht genau unterscheiden zwischen der Wirklichkeit und dem Traum. Die Erlebnisse gingen ineinander über. Nur wenn es ganz schlimm war, wenn er ganz große Angst hatte – dann wußte er, daß er geträumt hatte.

Er sah einen riesengroßen Vogel im Traum, so groß wie das Zimmer. Der Vogel saß in der Tür, die bis zur Decke reichte, und schaute ihn mit großen Augen an. Und vor diesem Vogel hatte er Angst. Warum?

Am Vortag war sein kleiner Kanarienvogel gestorben. Sein Gemüt war mit diesem herben Verlust nicht fertig geworden. Sein Hirn konnte es nicht fassen, daß dieses kleine Wesen, das einen Tag zuvor noch so fröhlich sang, nun nie mehr leben werde.

Es war seine erste bewußte Begegnung mit dem Tod, mit dem Sterben, mit der Vernichtung, mit dem Ende des Daseins.

Eine Woche zuvor hatte er von einem Drachen geträumt, von einem riesengroßen Wesen, das Feuer im Mund hatte, wie er es beschrieb.

»Wie kommt der Junge nur an solche Phantasieprodukte? Hast du ihm irgendwelche Geschichten vorgelesen, aus denen seine Phantasie solche Anregung bezieht? Du mußt aufpassen mit dem Jungen! Er ist sowieso etwas nervös und seiner Zeit voraus. Woher soll er das denn sonst haben – diese dumme Geschichte mit dem Drachen!«

So murrt der Vater und bedenkt nicht, daß in uns allen, in jedem Menschen, Urerinnerungen schlummern, Rückerinnerungen an eine Vergangenheit, die in der Menschheitsgeschichte vielleicht 20 000 oder 100 000 Jahre zurückliegt.

Es ist das Verdienst von Professor C. G. Jung, auf diese seltsamen Rückerinnerungen hingewiesen zu haben, die manchmal auch in den Erwachsenenträumen wach werden, die aber Kinder mit ganz besonderer Klarheit in unbewußter Rückerinnerung durchleben.

*Immer die gleichen Traumsymbole*

Die moderne Forschung hat Methoden entwickelt, aus denen man ersehen kann, daß auch Kinder, Kleinstkinder und Tiere folgerichtige Erlebnisse im Traum haben und durch alle Höhen und Tiefen der Angst und der Freude hindurchgehen.

Bemerkenswert ist, daß die Traumbilder sich immer wiederholen, d. h. buchstäblich seit Generationen die gleichen sind und auch von Kindern gleichartig erlebt, d. h. geträumt werden, auch wenn man diesen niemals Märchen erzählte, in denen Drachen eine Rolle spielten, Ungeheuer aus dem Himmel niederstießen, Überschwemmungen über die Welt dahinbrausten – Alpdruckträume, die bei Kindern immer wiederkehren.

Traumspezialisten, die Tausende von Kinderträumen untersuchten, kamen ferner zwei Traumtypen auf die Spur, die bei Kindern häufig zu beobachten sind:

Wahrträume, die ein klares Entwicklungsbild des Kindes verraten, auch wenn das träumende Kind keine Ahnung hat, was die Traumbilder sinngemäß darstellen;

Warnträume, die speziell in gesundheitlicher Hinsicht oft Wochen im voraus körperliche Schädigungen vorausverkünden, indem feinste Regungen im Nervensystem, Anfälligkeit in den Gliedmaßen, im Herzbereich, in den Lungen oder in den Eingeweiden sich als so deutliche Reize manifestieren, daß sie im Traum Gestalt annehmen.

Deshalb müssen wir den Träumen der Kinder in viel höherem Maße, als es bisher meist geschah, Aufmerksamkeit zuwenden. Es ist eben nicht alles nur eine überreizte und nervöse Phantasie, die einen Ausdruck sucht; es sind unbewußte Erlebnisse der Kinderpsyche, die lebendig werden, indem das kleine Menschenwesen träumt und durch alle Höhen und Tiefen des Schreckens, des Alpdrucks hindurchgejagt wird.

*Der Mann mit der Kapuze*

Die Psychologin Lene Keppler berichtet in ihren Untersuchungen zum Thema der Kinderträume, daß Traumerlebnisse heranwachsender junger Menschen unter Umständen tiefste Auswirkungen auf ihre Entwicklung haben können.

Da war ein zwölfjähriger Junge, ein bis dahin eifriger Schüler, der plötzlich nicht zur Schule kam, bis man bei ihm zu Hause anfragte, ob er etwa krank sei. Nein – er war jeden Morgen zur Schule fortgegangen. Er war jeden Mittag pünktlich nach Hause zurückgekehrt. Sorgfältige Befragung ergab: Er hatte vier Tage hintereinander einen Traum gehabt, der so furchtbar war, daß seine Körpertemperatur sofort anstieg, wenn er an ihn dachte.

Zwölf Gestalten mit Masken und Kapuzen waren mit einem großen Beil in der Hand – so träumte er – in sein Zimmer getreten und hatten zu ihm gesagt:

»Wir warnen dich, wir warnen dich. Wenn du noch einmal zur Schule gehst, dann bringen wir dich um!«

Nun setzte sich in ihm die Vorstellung fest, daß ihm auf dem Schulweg etwas passiere, was ihn das Leben kosten könne.

Es gelang einem Psychologen innerhalb einer Stunde, dem Jungen klarzumachen, daß dieser Traum nichts anderes sei als ein Nacherlebnis im Zusammenhang mit einer Operation, die er wenige Wochen zuvor durchgemacht hatte. Der Chirurg, der gleichfalls in weißem Mantel und mit einer Maske auftrat, war eine der vermummten Gestalten des Traums. Das Messer verwandelte sich in ein Beil. Die Angst, sterben zu müssen verband sich ganz eng mit der Tatsache, daß er während der Operationszeit selbstverständlich nicht zur Schule gehen konnte.

Die Deutung von Kinderträumen ist ein wichtiges Mittel, um seelische Komplexe abzubauen, die sich sonst versenken, vertiefen, verhärten können.

Allerdings geht das Kind viel weniger leicht aus sich heraus. Es faßt viel schwerer Vertrauen zu einem Traumanalytiker, einem erwachsenen Menschen. In der Gewinnung des Vertrauens und im Abbau der Komplexe und Verdrängungen oder Erlebnisse, die die Kinderträume erregen, ist aber die Voraussetzung für eine erfolgreiche Traumanalyse bei Kindern zu sehen.

### ZEHNTES KAPITEL

## Erfindungen geträumt

Spöttisch sagt der Alltagsmensch, vor eine unangenehme Forderung gestellt, leichthin: »Das fällt mir ja im Traum nicht ein!« Ein Sprichwort der Verneinung, das man nicht so leichtfertig zitieren sollte. Denn manchem ist schon etwas im Traum eingefallen. Oft waren Träume die Väter bedeutender Erfindungen.

Als Watt an seiner Dampfmaschine herumgebastelt hatte und doch nicht die richtige Lösung fand, um sie »fachgerecht« zusammenzubauen, da hatte er in jenem so wichtigen Jahr 1764 einen Traum. Nach diesem Traum wußte er auf einmal, wie es gemacht werden müßte.

Sein großer Vorgänger in der Physik, Aristoteles, der um 350 v. Chr. lebte, träumte am hellichten Tage über Mittag von jenen Hebelgesetzen, die seinen Namen über die Jahrtausende hinweg berühmt machten. Nach diesem Traum stand er auf und sagte: »Gebt mir einen festen Punkt, damit ich die Erde aus den Angeln heben kann!«

Manchem von uns ist es während der Schulzeit passiert, daß eine zum Hauspensum gehörende Aufgabe mit dem besten Willen nicht gelöst werden konnte und die Lösung dann am anderen Morgen uns als Selbstverständlichkeit in den Schoß fiel.

Der größte Rechner aller Zeiten, Gauß, träumte seine größten rechnerischen Lösungen so vollendet, wie Rutherford im Jahre 1919 die erste Atomzertrümmerung träumte und aufgrund seiner Traumgesichte dann die erste Spaltung des Atoms realisierte.

Auch jener Pater G. Mendel, der vor 90 Jahren die noch heute allgemein gültige Erblehre, also die Gesetze von der Vererbung, entwickelte, kam auf den entscheidenden Gedanken, als er im Traum ein großes buntes Kleefeld blühend vor sich sah und in diesem Bild sich die verschiedenfarbigen Kleeblüten nach Gruppen ordneten.

Er hatte, genau wie Professor Sauerbruch, der seinen Pneumothorax in letzter Vollendung zuerst einmal träumte, seit Jahr und Tag über die Möglichkeit einer Lösung nachgedacht. Da auf einmal zog das Gehirn ohne das Tagesbewußtsein den letzten und entscheidenen Schluß.

Jenes seit Menschengedenken gesuchte Arbeitsgerät, das ununterbrochen weiterläuft, die ewige Bewegung, das Perpetuum mobile, ist zwar auch in vielen Träumen besessener Phantasten aufgetaucht – und doch ließ sich das Problem noch nicht lösen.

Der echte Erfindertraum unterscheidet sich von dem Wunschtraum des Phantasten dadurch, daß der Erfindertraum die letzte Einzelheit, den technischen Trick, offenbart, der dem Erfinder bewußt bis jetzt noch entgangen war und den ihm Traum und Schlaf enthüllten. Jene Träumer aber, die sich in einen Wunsch verrannt haben und denen es mehr auf den Ruhm eines Erfinders ankommt als auf die Leistung, werden das Opfer einer Illusion, eines sogenannten Wunschtraumes, der ihnen eine eitle Hoffnung als erfüllt vorgaukelt, während in Wirklichkeit die Lösung noch gar nicht gefunden ist. So unterscheidet sich der Erfinder vom Phantasten und der Erfindertraum vom Wunschtraum ohne Wirklichkeit.

### *»Ich saß auf der Sonne!«*

Wir sind also imstande, im Traum physikalisch das Kommende vorwegzunehmen. Wir rechnen heute damit, daß in Kürze der Mensch den Mond ansteuert und diesen zum Sprungbrett nimmt, um Mars und Venus zu erreichen. Wir erschrecken heute nicht mehr im Gedanken an die Möglichkeit, daß wir den kosmischen Raum eines Tages mit Lichtgeschwindigkeit, mit 300 000 km pro Sekunde durcheilen. Wir sind sogar mit dem Gedanken, vertraut geworden, daß wir in einem Raumschiff eine eigene Zeit erleben. Wir fliegen im Raumschiff zehn Jahre und kommen zurück zur Erde. Dort sind aber nach irdischem Kalender inzwischen 1000 Jahre verflossen.

Manche unter uns haben diese Phänomene schon im voraus erlebt.

»Planeten schossen an der Sonne vorbei. Sie waren mit der Sonne verbunden durch dünne Bänder und drehten sich um die Sonne, auf der ich selbst saß. Diese Sonne war umgeben von einem brennenden Gas. Doch plötzlich wurde das Gas fest. Die Sonne und die Planeten wurden Körper, die ich greifen konnte, und da erwachte ich.«

Das ist ein Traum, den der berühmte Atomforscher Professor Niels Bohr hatte, als er der Struktur des Atoms nachspürte und das Problem mit Vernunft und rechnerischen Formeln nicht lösen konnte, bis er dann seinen Traum von der Struktur der

Atome hatte. Die Strukturdarstellung ist noch heute in jedem neuen Lehrbuch der Physik enthalten.

»Es genügte, als ich den Wissenschaftlern der Erde meine Entdeckung von der Struktur des Atoms entwickelte, meinen Traum immer aufs neue darzustellen. Die Sonne und die Planeten waren der Atomkern und die Elektronen. Das sind heute alltägliche Vorstellungen. Damals aber wußte ich erst, wie alles war, als ich es geträumt hatte.«

ELFTES KAPITEL

## Traumerlebnisse mit der Wirklichkeit verwechselt

In jüngster Zeit hat man häufiger als früher schwere Unfälle zu verzeichnen gehabt, die durch Träume verursacht wurden. Menschen verwechselten im Schlaf, im Halbschlaf oder in Trance Traumerlebnisse mit der Wirklichkeit und waren bemüht, selbst unter Einsatz ihres Lebens einen Ausweg aus einer Situation zu finden, die in Wirklichkeit gar nicht bestand, sondern die sie nur in ihrem Traum erlebten.

Normalerweise nimmt der Körper des Schläfers an den Traumerlebnissen keinen Anteil mit Ausnahme der Augen. Wie wir bereits erläuterten, kann man ein ständiges Augenrollen bei Schlafenden beobachten, sobald sie ein Traumerlebnis haben.

Wir können also in einem Traum laufen, ringen, fechten, springen, ohne daß die Zonen des Gehirns, die im Wachzustand die Körperbewegungen kontrollieren, aktiv bei dem Traumerlebnis mitwirken. Es fehlt also die Schaltung zwischen dem Traumerleben und den Bewegungszentren.

Aber – wenn das auch meist so ist, gibt es doch eine ganze Anzahl Ausnahmen. Man beobachtet diese vor allen Dingen bei Menschen, die sehr labil sind, die sich in einem Erregungszustand befinden, die ein sehr schweres Erlebnis hinter sich haben. Dieses Erlebnis kann sie unmittelbar, d. h. persönlich betroffen oder sie indirekt stark »angesprochen«, d. h. beeindruckt haben.

Als Christian R. aus Dinslaken abends im Kino war, sah er im Film einen Mann, der auf den Schienen vor einer Lokomotive herlief und sich erst im letzten Augenblick durch einen Sprung vom Bahndamm retten konnte. Unter ähnlichen Umständen wie dieser Mann war er seinerzeit aus dem Osten geflohen.

Er legte sich nach dem Kinobesuch schlafen und träumte, an der Stelle jenes Mannes über den Schienenstrang zu laufen.

Mit einem Schrei sprang auf einmal Christian aus seinem Bett und mit einem gewaltigen Satz aus dem Fenster – im 1. Stock.

Er landete mit zwei Knochenbrüchen auf der Straße. Er mußte für einige Wochen ins Krankenhaus, wo man auch seinen psychischen Zustand kontrollierte.

Noch erregender ist das Erlebnis des 15jährigen Jörg K. aus Osnabrück. Er war mit seinem Bruder in München gewesen. Sie fuhren im Zug zurück, der Zug war überfüllt. Sie saßen im Gang auf ihrem Koffer. Jörg K. war eingenickt. Plötzlich schreckte er aus dem Schlaf hoch und schrie: »Nicht schießen, nicht schießen!«

Er riß das Fenster herunter und sprang aus dem fahrenden D-Zug. Man zog die Notbremse und barg den Schwerverletzten, der eine Gehirnerschütterung erlitten hatte.

Er war nie in der Lage, genau zu sagen, was er eigentlich geträumt hat und welcher Vorgang ihn veranlaßte, den Notschrei zu tun und aus dem Zug zu springen.

Bei Jörg K. erleben wir die Bestätigung dafür, daß Traumerlebnisse keineswegs an die obere Grenze unseres Bewußtseins gelangen müssen. Wir können ganze Nächte hindurch träumen, ohne daß auch nur ein einziger Traum uns in der Erinnerung greifbar bleibt.

Gleichzeitig aber ist der Traum des Jörg K. eine Bestätigung für die These der Psychiater, daß bei jungen Menschen – je jünger sie sind, um so deutlicher – das Traumgeschehen oft mit der Wirklichkeit ineinanderfließt. Die wache Welt und die geträumte Welt sind dann auf einmal das gleiche.

Amerikanische Psychiater haben festgestellt, daß es eine ganz neue Art von Angstträumen gibt, die man bis vor zehn Jahren nicht kannte: die Weltraumflug-Angst. Träumer sind davon überzeugt, daß sie von unbekannten Mächten gezwungen werden, einen anderen Planeten aufzusuchen, zum Mond zu fliegen, von dort wieder zurückzukehren, um dann mit dem Zeichen starker seelischer Erschütterung zu erwachen.

»Träumer«, die unter dieser Weltraumangst leiden, müssen fast ausnahmslos für längere oder kürzere Zeit in eine Heilanstalt eingeliefert werden, während sonst Traumerlebnisse, die mit der Wirklichkeit verwechselt wurden, an ihren Opfern vorübergehen, ohne bleibenden Schaden zu hinterlassen.

### ZWÖLFTES KAPITEL

## Der Entlastungstraum und seine tiefe Bedeutung

Wir haben nun genug Material gesammelt und alle notwendigen Unterscheidungen gemacht, um an den Traum heranzugehen, der wirklich wichtig ist, eine tiefe Bedeutung hat und einer Analyse, einer Deutung bedarf. Jedenfalls gestatten die nachstehend behandelten Träume eine Deutung, wohingegen das bisher angeführte Traummaterial im besten Fall eine Klassifizierung ermöglichte, das heißt, eine Unterscheidung in Träume, die als Reaktionen auf äußere oder innere Reize auftreten, und in Träume, die aus einer noch nachklingenden Nervenreizung, aus einem umwälzenden Erlebnis momentaner Art entstehen oder – im interessantesten Fall – die logische Verarbeitung von Geschehnissen und Erlebnissen mit dem Resultat der intuitiven oder instinktsicheren Warnung sichtbar werden lassen.

Wenn wir nun objektiv überlegen, dann müssen wir zugeben, daß die Zahl der Träume, die wirklich einer Deutung wert sind, verhältnismäßig klein geworden ist. Aber das ist gerade der springende Punkt. Die Masse der auf uns einstürmenden Träume muß eng begrenzt werden, weil sonst jede tiefergehende Analyse im Wust der »zu vielen« Träume erstickt wird.

Die meisten Menschen begehen ja den Fehler, nicht nur sich selbst, sondern auch ihre Träume zu wichtig zu nehmen, das heißt, zu vielen ihrer Träume zuviel Beachtung zu schenken und aus jeder Verdauungsstörung, jedem Fieberanfall, jeder Schwankung in der Neuronenernährung eine Staatsaffäre zu machen.

Wir sind nun aber bei den Träumen angekommen, um die sich seit einigen Jahrzehnten die Wissenschaft kümmert. Es müssen hier vorerst ein paar Worte über die Psychoanalyse gesagt werden. Von vornherein möchte ich betonen, daß ich mit meiner Traumdeutung dem Nervenarzt, dem Psychoanalytiker, nicht ins Gehege kommen will. Ich werde auseinandersetzen, wo der Traum vermutlich an die Schwelle des Krankhaften herankommt. Was diesseits der Schwelle liegt, ist für die Deutung des Laien noch geeignet. Was auf der anderen Seite liegt, was vom Krankhaften herrührt, ragt in die Sphäre des Nervenarztes hinein, an den ich ja auch in der Praxis den Kranken verweise. Aber ich muß diese Schwelle genau erklären, muß sagen, wie man die Schwelle erkennt und worin sie besteht.

Nach der einfachsten Definition ist die Psychoanalyse ein Verfahren zur Heilung von Nervenkrankheiten. Die Psychoanalyse soll einem seelisch Kranken helfen, gewisse Vorstellungsgruppen, die seine seelische Gesundheit stören, ohne daß der Kranke sich dessen bewußt ist, klarzulegen, auseinanderzusetzen und so »abzureagieren«. Zu solchen Vorstellungsgruppen gehören verborgene, vergessene Erlebnisse, Wünsche usw., die aber nur scheinbar vergessen sind, in Wirklichkeit im Unterbewußtsein weiterleben. Von dort sollen sie nun wieder heraufgeholt werden.

Ich habe im Verlauf meiner Darstellung der Warnträume erläutert, daß im Schlaf – im Schlaf mit einem abgeschalteten Tagesbewußtsein – seelische Erlebnisse weitergehen. Diese seelischen Erlebnisse können aus vermauerten Tiefen heraufgeholt werden, die im Tagesleben durch die Fülle der Eindrücke und Ereignisse verkleidet sind. Die oft überlogische Verarbeitung von bewußt kaum registrierten Bildern zu einem Warnschluß ist nur ein Beispiel dafür, wie diese Tiefenarbeit ganz ohne unser Zutun vor sich geht. Mit andern Worten: Der Traum als Bilderfolge seelischer Ereignisse im Schlaf liefert nicht nur in den entsprechenden Fällen den Beweis, daß wir aus der Tiefe schöpfen, sondern der Traum ist für uns direkt die Brücke zur Tiefe. Wie wir freilich die Brücke im einzelnen Fall begehen wollen und können, wie wir sie auszuwerten vermögen, inwieweit diese Brücke zur Tiefe unseres Ich im gegebenen Moment standhält, das ist eine Frage, die näher untersucht werden muß. Denn wenn wir auch von den für die Deutung interessanten Träumen jene sorgsam abscheiden, die vom Psychiater behandelt werden müssen, so bleibt uns doch die große Menge der anderen Träume, die sich auch beim normalen Menschen ohne krankhafte Störungen einstellen. Wie man im Leben nicht jede Magenverstimmung, nicht jeden Schnupfen, nicht jeden Hexenschuß in das Gebiet der schweren Krankheiten oder der Krankheiten überhaupt einreiht, sondern im einfachen Fall nur von einer Unpäßlichkeit spricht, so gibt es auch im Bereich des Unterbewußtseins, des Unbewußten, des seelischen Erlebnisses Unpäßlichkeiten, die ohne Psychiater überwunden werden können.

Hier beginnt sich unsere Traumdeutung einzuschalten. Bei kleinen körperlichen Störungen behilft man sich mit der Hausapotheke. Auch der einfache, aber der Deutung werte Traum kann mit verhältnismäßig einfachen Mitteln entwickelt, auseinandergesetzt, überwunden werden, indem man ihn nicht gleich als seelische Störung im Sinne einer Erkrankung bewertet, sondern eben als seelische Unpäßlichkeit. Handelt es sich jedoch um eine tatsächliche ernste Störung, dann wird derjenige, der sich mit den Träumen, die ihn überkommen, näher befaßt, schon ganz von selbst beim Psychologen Hilfe suchen.

Aber wie erklärt man sich dieses ganze Problem des Unterbewußtseins, des Unbewußten?

Folgende grundsätzliche Faktoren sind festzuhalten:

In jedem Menschen sind mehrere seelische »Gruppierungen« möglich, wobei die eine Gruppierung nicht unbedingt etwas von der anderen zu wissen braucht. Diejenige Gruppierung – nehmen wir einmal zwei solcher Gruppierungen an – die momentan die Führung unserer Person an sich gerissen hat, stellt unseren bewußten Seelenzustand dar, die andere Gruppierung den unbewußten Seelenzustand. »Zwei Seelen wohnen ach in meiner Brust« – sie können wenigstens in einer Brust so nebeneinander wohnen, daß bald die eine, bald die andere Gruppierung das Übergewicht bekommt. Daraus entstehen jene unheimlichen Menschen, die ein »gespaltenes Bewußtsein« haben, die am Tag so und nachts so, die heute so und morgen anders sind.

Meist drängt die eine dominierende Gruppierung die andere Gruppierung so in den Hintergrund, in die Tiefe, ins Unterbewußtsein, daß sich diese »andere Seite« gar nicht mehr im Alltagsleben zeigt.

Menschen mit einem offensichtlich gespaltenen Bewußtsein sind unbedingt seelisch Kranke, deren Konflikte sich widerstreitender Seelenkräfte zu Katastrophen (und Verbrechen) führen können. Hingegen bilden die kleinen Teufel des sonst beherrschten anderen Ich, die dann und wann auf einmal ans Tageslicht kommen, ganz oder doch fast normale Äußerungen der Auseinandersetzungen des Menschen mit sich selbst.

Aber – eingeengt in Erziehung und Gesetzmäßigkeit – wagen die Teufelchen sich meist gar nicht nach draußen, es sei denn in der Sünde oder im Verbrechen. Das sind jedoch schon Durchbrüche, um die sich der Beichtvater oder der Richter zu kümmern hat, der erste zum Schutz der Moral und der Seele, der zweite als Hüter der Moralzäune der Gesellschaft.

Und doch findet die nicht im Alltag vorherrschende Gruppierung im Innern des Menschen einen Ausweg, und zwar auf den Pfaden, die wir als die Brücken von der Tiefe zum Bewußtsein bezeichnet haben, nämlich auf dem Weg über den Traum.

Es ist also nicht erstaunlich, daß der Moralist, der Sittenstrenge so oft unter bösen, unsauberen, schmutzigen und geradezu unmoralischen Träumen leidet und sich ihrer kaum erwehren kann. Und sein Gegenspieler im Leben, der Lump, der bewußte Schweinehund, träumt moralische Dinge, die ihm im Leben nie auch nur in den Sinn kämen. Was dem einen wie dem anderen am Tag, im Tagesbewußtsein nicht in den Sinn kommt, das bricht eben auf dem Weg über die »Brücke« aus der Tiefe hervor.

Aber damit nicht genug: Alles, was wir erlebt haben, hat in unserem Sein einen Platz und ist genaugenommen nicht vergessen, wenn es auch verschüttet oder, wie man in der Psychologie sagt, verdrängt ist. Sind unter den verdrängten Dingen nun solche, die für uns einst – in der Kindheit, im Heranwachsen oder auch später – Objekte großer oder heißer Wünsche waren, dann beunruhigen sie uns dann und wann, dann brechen sie durch. Bei denjenigen Menschen, deren Gruppierungen in der Seele einseitig nicht sehr stark waren (so daß die eine nicht in der Lage ist, die andere absolut in der Gewalt zu halten), werden aus diesem »Aufstoßen der verdrängten Wünsche von einst« Taten; es können gute Taten oder böse Taten sein. Bei den anderen – die keine so schwere Doppelbelastung haben, wird ein Traum daraus oder eine vorübergehende Änderung des Charakters, ein »Fehltritt«.

Alles, was »verdrängt« und noch nicht wieder klar emporgekommen ist, ist unbewußt. Ist man mit einer solchen Sache nicht »fertig geworden«, hat man sie nicht ehrlich überwunden, dann sucht sie eben wieder an die Oberfläche zu kommen.

Wenn dies im Leben nicht möglich ist – aus Erziehungsgründen oder infolge der Gesetze – ist sogar im Traum die Vorstellung in der klaren Form so toll, daß nicht einmal der träumende Mensch sie annimmt und sogar aus dem Traum verdrängt. Dann hilft sich der Träumende auf einem Umweg; genauer gesagt, die Seele hilft sich. Sie spiegelt irgendwelche Ersatzbilder im Schlaf in das Lichtspieltheater unserer Träume. Die Idee ist verdrängt – sogar im Traum durch ein Ersatzbild abgelöst – aber deshalb keineswegs aus der Seele verschwunden, sondern tobt sich darin aus. Die Ersatzvorstellung wird bald von der Seele, die viel logischer denkt als das Tagesbewußtsein, als Schwindel, als Ersatz erkannt. Und der gleiche Konflikt, nur etwas anders koloriert, ist wieder da.

Zur Erläuterung einige tatsächliche Träume:

Ein junges, armes Mädchen, das sich »unsterblich« in einen jungen Arzt verliebt hatte, der übrigens verheiratet war, setzte diesem Arzt so lange zu, bis er ihr von Heirat und Ehe sprach, allerdings ganz vage und keineswegs im Sinne eines Versprechens. Sie suggerierte sich selbst – obwohl sie wußte, daß es voraussichtlich nicht Tatsache werden konnte – es sei schon fast soweit. Und je mehr sich die Beziehungen zu dem Geliebten verschlechterten, je weniger sich die Aussichten für eine Ehe besserten, um so häufiger träumte das Mädchen nun von sich selbst als Gattin dieses Arztes, in einem schönen Hause lebend, mit vielen Kindern, mit gutem Essen, mit Besuch in eleganten Restaurants, mit wunderbaren schönen Kleidern.

Das ging Monate hindurch so weiter, bis der Arzt ganz plötzlich nach Amerika auswanderte. Von diesem Tag an hörten die Träume auf, weil das Objekt, um das es ging, nicht mehr da war.

Wir haben hier einfach einen Ersatztraum vor uns. Dieses junge Mädchen erlebte im Traum, was es im Leben nicht fand und – wie es ganz innen wußte und ahnte – auch nie durch diesen Mann finden würde.

Ein sehr interessanter Fall solcher Ersatzträume ist der folgende, in den eine Tochter und eine Mutter hineinspielen. Die Zusammenhänge waren so: Die äußerlich sehr schöne, aber etwas dumme Tochter besuchte mit der Mutter das Theater. Die Tochter hatte viele Jahre lang den Wunsch gehegt, zur Bühne zu gehen, dann aber die Idee nach und nach aufgegeben, weil sie einerseits die Mühe der ernsten Ausbildung scheute, andererseits auch wohl zuinnerst fühlte, daß sie nicht begabt genug war, um sich beim Theater durchzusetzen.

Aber nach dem Theaterbesuch träumte die Tochter folgendes:

Sie stand auf der Bühne und sang. In der Loge sah sie den vor vielen Jahren verstorbenen Vater und die Mutter. (Der verstorbene Vater war ein guter Amateursänger gewesen und hatte immer davon geträumt, daß seine Tochter vielleicht eines Tages Künstlerin werde.) Sie trug auf der Bühne ein wundervolles, langes blaues Kleid, das mit großen silbernen Sternen besetzt war. Das Kleid hob ihre körperlichen Reize stark hervor, betonte also die tatsächlich vorhandenen »latenten« Werte, wie sie ein gut gebauter Körper für eine Bühnenkünstlerin darstellt. Der Beifall, den die junge Künstlerin für ihre Darbietungen erntete, war ungewöhnlich stark – drei Vorhänge und eine Menge Blumen.

Nach dem dritten Vorhang kam der Vater auf die Bühne und umarmte die Tochter mit Freudentränen in den Augen.

Und nun der Traum der Mutter, der in der gleichen Nacht erlebt wurde:

Die (im Leben ungemein robuste und sich unter allen Umständen durchsetzende) Mutter hatte die Überzeugung, daß ihre Tochter viel besser singen könne und singen werde als die Primadonna des Theaters. Dies machte sie hinter dem Vorhang auf der Bühne dem Theaterdirektor klar. Der Direktor willigte schließlich ein, daß die Tochter hinter einer Kulisse gewissermaßen im Wettbewerb mit der Primadonna singen sollte. Der Beifall war sehr stark. Daraus entnahm die Mutter, daß der Theaterleiter ihre Tochter benachteiligt habe. Denn die Tochter hätte nicht hinter, sondern vor den Kulissen die große Rolle spielen müssen. Sie – die Mutter – war darüber im Traum so erregt, daß sie sich auf den armen Theatermann stürzte und ihn verprügelte. Dann aber – nachdem sie ihn verprügelt hatte – einigte sie sich mit ihm auf einen Schadenersatz für den bisherigen Gagenausfall, weil die Tochter nur die zweite und nicht die erste Rolle gespielt hatte. Aber unmittelbar nachher setzte sie auch noch einen Kontrakt durch für die Tochter, die nun (wohlverstanden immer im Traum) ständig die erste Rolle spielen sollte.

Klarer, deutlicher und unkomplizierter kann man wahrhaftig nicht träumen. Die alten Wünsche, die alten Sehnsüchte werden unter dem frischen Eindruck der Theateraufführung Traumwirklichkeit. Dabei ist aber auch bei der Mutter die Unsicherheit in bezug auf das Können der Tochter so groß, daß sie sich gezwungen sieht, mittels einer Verprügelung dem Theaterdirektor ihre Meinung beizubringen. Sie hütet sich jedoch – weil sie ja nicht die Kunst »beeinflussen« will – die Prügel sogleich zu verabreichen, sondern wartet, bis der Beifall, den die Tochter erntet, ihr das Recht dazu gibt. Daß sich die Mutter von der Verprügelung des Direktors einen direkten Erfolg versprach, ergibt sich daraus, daß sie als Resultat sowohl Geld als auch einen Vertrag einsteckt.

Es muß aber nochmals betont werden, daß die Tochter im Leben nüchtern und sachlich genug ist und die eigenen Schwächen klar genug erkennt, um sich nicht an die Bühne heranzuwagen. Sie lebt den Bühnenrausch im Traum aus. Sie entlastet sich vom Bühnenzauber und allem, was sie innerlich damit verbindet. Derartige Entlastungen werden in vielen Fällen endgültig ausreichen. In anderen Fällen aber wird ein solches Mädchen, wenn es sich nicht über die eigene Unzulänglichkeit klar wird, »rebellisch«. Es wird bösartig oder unzufrieden und von ganz andersartigen Träumen geplagt.

Diese Traumentlastungen sind noch verhältnismäßig einfach und können von denjenigen, die sie träumten, mit einer kleinen Anleitung rasch begriffen werden – zur eigenen seelischen Balancierung.

Jetzt folgt ein Traum, der schon etwas weiter geht:

Eine junge Frau, der auf operativem Wege beide Eierstöcke entfernt werden mußten, die also bestimmt nie Kinder gebären wird, träumte folgendes:

Sie ist auf dem Lande bei einer Familie, die sehr arm, aber reich mit Kindern gesegnet ist. Sie weilt bei dieser Familie als Gast. Unter den Kindern, die alle nicht sehr schön sind, ist ein sehr niedliches kleines Mädchen, das sich dauernd an die junge Frau anschmiegt und sie keinen Augenblick verläßt. Aber dieses kleine Mädchen hat keine Hände. Es ist mit beiden Händen in eine Kaninchenfalle geraten und hat sie dadurch verloren. Die junge Frau nimmt das Kind mit sich und schickt sich an, sich für immer um dieses Kind zu kümmern.

Bei der Erklärung dieses Traums muß zuerst einmal festgestellt werden, was sich am Tag vorher begeben hat: Die junge Frau war mit einem Mann, den sie liebt, auf dem Land gewesen. Während sie in einem Gasthof aßen, kamen die Kinder des Personals vorbei. Zwei der Kinder waren leicht schwachsinnig, in der Entwicklung zurückgeblieben und damit wohl für das ganze Leben gehemmt. Eine Angestellte des Gasthofs sprach mit der jungen Frau über die Kinder und sagte unter anderm, daß das eine halbschwachsinnige Kind nicht zu bändigen sei. Die junge Frau meinte, das liege vielleicht daran, daß man dem Mädchen nie mit wirklicher Liebe begegnet sei. Sie selbst sei überzeugt, daß sie in der Lage wäre, im Laufe eines Monats das Gemüt des Mädchens ins Gleichgewicht zu bringen, das Kind wenigstens zu bändigen.

Während man über die Kinder sprach, trug ein Knecht ein Kaninchen am Tisch vorbei, ein lebendes Kaninchen, das einige Stunden später durch einen Beilschlag auf den Kopf verendete.

Der Traum ist wiederum recht einfach und klar: Die junge Frau, die Kinder sehr liebte, trug sich schon seit einiger Zeit mit dem Gedanken, sich der Kindererziehung zu widmen. Im Zusammenhang mit dem Gespräch über das geistig zurückgebliebene Kind war dieser verdrängte Mutterkomplex emporgekommen. Sie wollte sich in Wirklichkeit keineswegs des hilflosen Kleinkindes annehmen, sondern sie interessierte sich für Kinder zwischen zwei und sechs Jahren, deren geistige Entwicklung sie reizte. So wurde im Traum daraus das schon mittelgroße Kind – aber dadurch hilflos, daß es keine Hände hatte. Die Kaninchenfalle, die dem Kind die Hände abschlug – das vorbeigetragene Kaninchen, dem man mit einem Beil auf den Kopf schlug – ist eine sehr einfache Umdeutung von an sich seelisch unangenehmen Eindrücken (schwachsinnige Kinder, Tötung eines Tieres).

Dieser Traum ist deshalb so interessant, weil sich hier die einfachen, nachhaltigen Tageseindrücke mit Verdrängungen (Mutterwunsch, Sehnsucht, sich um Kinder kümmern zu können) vermischen. Die Verdrängungen benutzten – da sie offenbar sehr nahe unter der Oberfläche lagen – die erste sich bietende Gelegenheit, um durchzubrechen.

Wir wollen diesen Traum noch weiter verfolgen: Wenn es nicht gelingt, die Mutterwünsche dieser Frau in die richtigen Bahnen zu bringen, das heißt, wenn sich ihr keine Möglichkeit bietet, sich mit Kindern zu beschäftigen, und zwar so, daß sie in der Tätigkeit aufgehen kann, dann wird dieser Traum sich in allerlei Formen wiederholen. Und was viel schlimmer ist: Die Frau wird sehr nervös sein im Leben, wird unausstehlich für die Umgebung, weil sie ja innerlich diese Träume als einen sehr mageren und dünnen Ersatz erkennt, durch den man sie um ihre Liebe zu Kindern prellen will. »Man« ist in diesem Fall das Schicksal; aber das erkennt die Frau nicht, sondern sie sieht in »man« jeden anderen, die Welt, die Menschen, den Arzt, der sie operierte; auf sie alle konzentriert sich ihre Nervosität und Abneigung. Infolgedessen wird sie, wenn die Überleitung ins praktische Leben, das für sie nötig ist, nicht erfolgt, ein wenig angenehmer Zeitgenosse sein.

Solange der Traum – wie in den genannten Fällen – ein einfacher Ersatz für die Wirklichkeit ist oder die Wunschwirklichkeit teilweise ersetzt, und zwar in ganz eindeutiger Form, ist die Deutung eines Traumes und die Klarstellung der Umstände nicht sehr kompliziert.

Aber der Wirklichkeitsersatz im Traum geht meist verschlungene Wege, vor allem wenn es sich um Dinge handelt, von denen man nicht zu sprechen wagt, die man vor der Welt nicht erwähnt hören möchte. Er sucht Ersatzbilder, die so verschlüsselt sind, daß man die Beziehung zwischen der Wirklichkeit, den seelischen Konflikten des Träumenden, und den Symbolen, den Ersatzprojektionen, auf den ersten Blick nicht erkennt.

Warum die seelischen Projektionen – das Zaubertheater des Traumes – sich in einem Labyrinth von tollen Bildern verlieren, deren Beziehungen zur Wirklichkeit man erst umständlich freilegen muß, ist, abgesehen vom »Genieren« vor sich selbst (sogar im Traum), ein Problem für sich. Der Psychoanalytiker sagt, daß die erfolgreiche Ausdeutung der Verschlüsselungen in den Traumbildern den Weg zur Heilung des seelisch Kranken oder Leidenden ebnet. Er sagt, die Widerstände gegen das Bewußtwerden der Unklarheiten und Verdrängungen würden durch die Analyse – die Traumdeutung – beseitigt, so daß der Mensch zu heilen sei.

Um wenigstens das Wichtigste aus der psychoanalytischen Lehre hier in zwei Sätzen anzuführen:

Der Wiener Arzt Sigmund Freud baute, von den Lehren des Arztes Breuer ausgehend, seine Psychoanalyse auf, die aber fast ausschließlich auf den Geschlechtstrieb Bezug nimmt, also von der Voraussetzung ausgeht, daß alle Verdrängungen und seelischen Krämpfe auf Sexualwünschen beruhen. Der Sexualfaktor spielt auf diesem Gebiet ohne Zweifel eine große Rolle, aber keine ausschließliche.

Adler lehrte, daß an sich nur die Verdrängung des Machtwunsches, die Beschneidung der Ambitionen, der Diktatur- oder Knechttrieb die seelischen Spannungen und damit auch die Träume bedingen.

Endlich kam Professor C. G. Jung und zeigte, daß weder Machtrausch noch Sexualwünsche die Ganzheit des seelischen Lebens ausmachen, sondern daß es sich dabei um etwas mannigfaltig Zusammengesetztes handelt.

Ein allgemeines, den Menschen mehr oder weniger gemeinsames Unbewußtes ist eine Voraussetzung, die ich um so eher annehmen möchte, als sie die Möglichkeit bietet, gemeinsame Traumsymbole herauszuarbeiten.

Um es noch klarer zu sagen: Wenn die Menschen – die ja alle von einem Urmenschen herkommen – die gleichen Grundkomplexe haben, das gleiche Unbewußte aufweisen, dann werden sich beim Durchringen zur Oberfläche mit gewissen Unterschieden und Abwandlungen auch gleichartige Grundsymbole und Ersatzbilder herausarbeiten.

Das ist freilich etwas stark verallgemeinert. Aber jedes Symbol ist schließlich eine Verallgemeinerung – also muß oder kann auch sein Einsatz und die Bedingung, unter der wir es einsetzen, einen Allgemeinsinn haben.

Wir sahen also, daß von den Reizträumen – die von innen oder von außen hervorgerufen werden können – die Warnträume mit der oft so verblüffenden scharfen inneren Logik zu unterscheiden sind. Wir konnten ferner einen Übergang von den Reizträumen zu den Warnträumen, zu den »von innen kommenden« wichtigen, wertvollen Träumen erkennen. Und bei den echten, wertvollen oder für eine Deutung als wichtig genug erkannten Träumen haben wir wiederum die einfachen Träume von innen, die nichts anderes darstellen als eine Art Schnellverarbeitung eines kurz vorher gesammelten Eindrucks, der aber stark nach innen, in die Tiefe geschlagen und dort gewisse bereits schlummernde Probleme »losgeeist«, in Bewegung gebracht hat – und die komplizierten Formen.

Auf diesem Umweg sind wir nun zum großen echten, schweren und meist bedeutungsvollen Traum gekommen. Dieser schwere Traum ist nicht immer ohne weiteres eine Entlastung, eine Vereinfachung unserer Lage, wie es beim raschen Reflextraum als Reaktion auf ein Tagesereignis der Fall ist. Der schwere, echte Traum wirft sehr oft erst einmal das Problem auf, um das es geht und das sich dann in einer Reihe von weiteren Träumen durcharbeitet. Wir haben mitunter ganze Serienträume zu bewältigen. Aber das muß nicht immer sein. Vor allem besteht die Möglichkeit, daß eine »Angelegenheit«, ein von innen nach außen kommendes Problem, an dessen Verdauung wir schon lange herumarbeiten, das wir vielleicht ohne Erinnerung durchträumt haben, gewissermaßen mit einem einzigen »Knall«, mit einem klaren, großen, abgerundeten Traum erledigt wird – erledigt, soweit dies mit diesen Symbolen möglich ist, die gerade zur Hand sind; erledigt, soweit die Seele – das Unbewußte im Kampf mit dem Bewußtsein – mit Hilfe dieser Symbole zu einer gewissen Ruhe kommt . . . bis zum nächstenmal.

Beschäftigt sich der Mensch eingehend mit seinen Träumen, erkennt er selbst oder mit fremder Hilfe, um was es geht, dann kann sich bei völliger Erledigung und Durchdenkung des einen Viertels des Problems in einem nächsten, bald darauf folgenden Traum das zweite Viertel einstellen, das dann ebenfalls erkannt oder als Frage abgebaut wird. Aus der neuerlichen Erkenntnis ergibt sich ein dritter und ein vierter Traum.

Ich erwähne hier nun einige Träume, die für den einen oder den anderen Fall interessant sind.

Ein etwas leichtlebiges Mädchen, das sich beständig die Frage vorlegte, ob es sich eigentlich lohne, auf dieser Welt ernsthaft zu arbeiten, träumte nach einem Gespräch mit der Mutter über die Dummheit und Hörigkeit der Männer folgendes:

Das Mädchen liegt im Bett und erwacht (im Traum). Dabei macht es die Entdeckung, daß das ganze Zimmer bis an den Rand des Bettes mit Fünfmarkstücken angefüllt ist. Das Mädchen hat einen freudigen Schreck und turnt vorsichtig über das Geld hinweg bis zur Zimmertür. Es öffnet die Tür und ruft die Mutter herbei. Die Mutter kommt, macht große Augen und sagt: »Na, das ist aber schön. Nun brauchen wir wenigstens nicht mehr zu arbeiten.«

Dann schickt die Mutter das Mädchen rasch in ein großes Kaufhaus, um Papiersäcke zu kaufen. Das Mädchen bringt eine ganze Menge Tüten. Es füllt nun von sich aus vier Tüten prall voll und stellt sie im Zimmer an die Wand. Die Mutter füllt für sich zwei Tüten und nimmt sie mit sich.

Hierauf legt sich das Mädchen wieder ins Bett und schläft im Traum wieder ein. Morgens wachte es mit der großen Enttäuschung auf, daß die Tüten mit dem Geld nicht da waren.

Das Bett, das Geld neben dem Bett, die Fünfmarkstücke als klingender Lohn, der Zweck des Geldes, sich und die Mutter von der weiteren Arbeit zu entbinden, die Tüten, die hier die Männer bedeuten, bei denen nur interessiert, inwieweit sie mit Geld angefüllt sind, die Zahl von vier Tüten gleich vier Männern, die dem Mädchen damals den Hof machten, all das ist zu klar und sogar zu eindeutig, um einer langen Deutung zu bedürfen.

Wir wollen aus diesem Traum vor allem festhalten, daß das Mädchen keine moralischen Bedenken hat, auf dem Wege über das Bett Geld zu verdienen, jedenfalls nicht im Traum. Da sie im Traum keine Bedenken hat und sich auch im Leben ziemlich eindeutig und ohne Umschreibungen über diese Dinge hinwegsetzt, brauchte sich der Kinoapparat der Seele gar keine große Mühe zu geben und fernliegende Symbole zu suchen. Daher die eindeutige Klarheit.

Ein anderer Traum, den jene junge Frau hatte, die aus physischen Gründen keine Kinder gebären konnte und die von dem Kind ohne Hände träumte, betraf ihre Mutter. Diese junge Frau träumte:

Die Mutter kommt morgens sehr aufgeregt zu ihr ins Schlafzimmer und bringt eine Wiege mit. Die Mutter hat in der Nacht ein Kind bekommen, einen schönen, großen Knaben. Die junge Frau ist ohne weiteres damit einverstanden, daß das Kind in ihrem Zimmer bleibt.

Draußen im Flur marschieren nun die Hausgenossen auf und lugen ins Zimmer hinein und flüstern einander zu: »Sehen Sie, jetzt hat die junge Frau ein Kind bekommen, und ihr Mann ist gar nicht da.« Die junge Frau ist sehr stolz auf das Kind und freut sich gleichzeitig, daß nicht die Mutter (seit vielen Jahren Witwe) in Verdacht kommt, die echte Mutter des Kindes zu sein. Ihr Ruf als Geschäftsfrau hätte unter einem solchen Vorfall stark gelitten.

Der Traum ist insofern sehr vieldeutig, als neben dem Wunsch der jungen Frau, ein Kind zu haben, gerade die Mutter als Kindesmutter auftritt. Hier ist nun interessant – wie der Leser später noch sehen wird – daß ein Kind in der Symbolsprache auch ein neues Ereignis, ein neues Unternehmen, ein neues Projekt ist. Die Mutter hatte tatsächlich vor einigen Tagen eine ziemlich ernsthafte Bekanntschaft gemacht und trug sich mit der Absicht, mit diesem Mann eine nähere Beziehung anzuknüpfen. Aber sie hatte mit der Tochter von ihrer seit den Mädchenjahren noch immer vorhandenen Angst vor einer Schwangerschaft gesprochen. Sofort hatte sich bei der jungen Frau der Gedanke eingenistet, daß sie ja das Kind als ihr eigenes annehmen könnte, wenn die Mutter wirklich schwanger würde.

In die Reihe der Serienträume gehört eine Auseinandersetzung eines jungen Mannes mit seinem Vater. Der Vater hatte sich immer gegen zu frühe Liebesbeziehungen des Sohnes gesträubt und ihm in dieser Hinsicht Schwierigkeiten und Vorwürfe gemacht.

Nun träumte der junge Mann folgendes:

Der Vater geht vor ihm durch einen großen Wald, und zwar hat der Vater als Weggefährtin eine Freundin des jungen Mannes. Mit ihr verschwindet der Vater in einer dunklen Waldhütte. Der junge Mann sagt sich naturgemäß im Traum: »Also deswegen macht er soviel Theater um jedes Mädchen, das ich kenne, weil er es selbst zur Freundin hat – oder weil er neidisch ist.«

Als sich die Tür der Hütte öffnet, kommt gar nicht das Mädchen heraus, sondern eine uralte, sehr häßliche Frau, so häßlich, daß der junge Mann nicht weiß, ob er nun mit dem Vater Mitleid haben oder ihn auslachen soll. Ehe er sich für das eine oder andere entscheiden kann, erwacht er.

Die Fortsetzung des Traumes kam einige Nächte später, als der junge Mann folgendes träumte:

Er reitet hinter einer Frau her über einen weiten Wiesengrund. Er sitzt auf einem Rappen, die Frau auf einem Schimmel. Die Frau kommt ihm nach dem Rücken und den Hüften bekannt vor. Aber er kann vorerst ihr Gesicht nicht sehen, weil die Frau einen kleinen Vorsprung vor ihm hat.

Er spornt sein Pferd ein wenig zur Eile an und kommt auf die gleiche Höhe wie die Frau. Und jetzt erkennt er, daß es seine Mutter ist, aber viel jünger als in Wirklichkeit.

Er sagt sich: »So reitet man mit einer Geliebten, mit einer Gattin durch die Welt. Wenn das der Vater sähe, würde er Augen machen und wahrscheinlich böse und eifersüchtig werden.«

Er reitet weiter und läßt die Frau auf dem Schimmel etwas hinter sich zurück. Als er sich umwendet, bemerkt er, daß sie ihm winkt. Doch nun ist es gar nicht mehr die verjüngte Mutter, sondern jenes Mädchen, mit dem der Vater damals in der Waldhütte verschwand.

Aber als er dem Mädchen, das mit dem Pferd nun auf gleicher Höhe wie er ist, die Hand reichen will, verschwinden Pferd und Mädchen im Nichts. Der Traum war zu Ende.

Doch die Serie war noch nicht zu Ende.

Der junge Mann, der sich über den Sinn dieser Träume klar wurde, der den Charakter dieser Neid- und Eifersuchtsträume durchschaute und sie für seinen Fall erstaunlich richtig abreagierte, indem er sich in längeren schriftlichen Erklärungen, die er allerdings nachher verbrannte, mit der Frage auseinandersetzte, hatte einen dritten Traum:

Er wohnt einem Begräbnis bei. Dabei hat er zuerst die Idee, daß sein Vater tot ist und in dem Sarg liegt, der dort zu Grabe getragen wird. Aber dann sieht er den Vater inmitten einer Schar junger Leute, die alle seine Konkurrenten in irgendeiner Liebesaffäre gewesen sind, im Trauerzug. Er stellt sich nun die Frage, ob er etwa selbst tot sei und nur als Geist dem Begräbnis beiwohne. Aber dann schaut er sich nach seiner Mutter um. Denn wenn er selbst tot ist, dann nimmt sie doch gewiß am Begräbnis teil. Als er den Trauerzug an sich vorbeimarschieren läßt, stellt er mit Erstaunen fest, daß nur Männer im Gefolge mitgehen, keine einzige Frau.

Jetzt sieht er den Sarg und schließt aus der schönen hellblauen Farbe des Sarges, daß jenes Mädchen gestorben ist. Denn Hellblau ist die Lieblingsfarbe des Mädchens gewesen.

Der junge Mann steht nun neben dem offenen Grab. Er merkt, daß die jungen Leute, die ihm gar nicht in dieser, sondern in einer ganz anderen Liebesaffäre Konkurrenz gemacht haben, ebenso wie sein Vater (der doch nur sein Traumkonkurrent ist) ihn von der Seite beobachten. Sie wollen sehen, ob es ihm wirklich etwas ausmacht, daß dieses Mädchen tot ist.

Diesen Eindruck will er nicht hinterlassen, und er setzt eine lächelnde Miene auf. Aber das ist wohl auch nicht das richtige, denn er hört, wie einer in der Gruppe auf einmal ziemlich laut sagt: »Der scheint sich auch nichts daraus zu machen, daß seine Mutter tot ist.«

Der junge Mann bekommt einen Schreck und wacht auf.

Es ist klar, daß in diesen Traum viele reine Pubertäts- und Sexualprobleme hineinspielen. Die Frage, warum der Vater so viele Schwierigkeiten machte, wenn der Sohn ein Liebesverhältnis hatte, wurde mit der sehr klaren Antwort Sexualneid beantwortet. Die Andeutung, daß der Vater gewiß gern mit einem der Mädchen, die der junge Mann kannte – und zwar ausgerechnet mit der Favoritin – ausgehen oder allein sein möchte, fand deutlichen Ausdruck in der Waldszene. Aber der junge Mann korrigierte sofort, daß der Vater doch viel zu alt für »so etwas« sei und allerhöchstens bei einer alten Frau Erfolg haben könne.

Der junge Mann rächte sich dann im nächsten Traum, indem er mit der Mutter ausritt und sich ausmalte, wie der Vater sich ärgern würde, wenn er das sähe. Daß ihm die Vorstellung des Inzestes mit der Mutter unangenehm war, zeigte sich in der Verwandlung der Reiterin in das Mädchen, mit dem der Vater im ersten Traum in die Hütte gegangen war.

Aber nach der Prüfung dieser ganzen Zusammenhänge zog der junge Mann gewissermaßen die Bilanz und schrieb dieses Mädchen einfach ab, indem er es sterben ließ. Daß es für ihn ein Verzicht war, daß er ein Opfer brachte, indem er sich sagte, daß das Mädchen nicht so wichtig sei, um einen Konflikt in der Familie heraufzubeschwören, zeigte sich in der Beobachtung, die ihm die andern auf dem Friedhof zuteil werden ließen. Nachher korrigierte er sich selbst, indem er Mutter statt Mädchen setzte. Denn die Mutter im Sarge hätte ihm – ganz gleich, was die andern dachten – das Recht gegeben, sehr traurig zu sein, zu weinen, nicht schauspielern zu müssen.

Bisher habe ich die eigentlichen Sexualträume stark vernachlässigt, und zwar lediglich aus dem Grunde, weil sie meist sehr einfach zu erklären sind – entweder entstehen sie aus einer Reizung gewisser Körperzonen oder aus einem nachhaltigen Eindruck, den man kurz zuvor von einem Geschlechtspartner erhalten hat.

Wenn ein sechzehnjähriger Bursche träumt, er sei sehr gut bekannt mit einem sehr hübschen Mädchen, das in einem Geschäft neben dem Betrieb arbeitet, in dem er selbst tätig ist – und dies, obwohl er in Wirklichkeit nie mit dem Mädchen gesprochen hat –

dann ist die Sache klar und bedarf keiner Analyse. Wenn er dann weiterträumt, er sei mit dem Mädchen im Strandbad, beide seien im Badeanzug, und er habe Gelegenheit, das Mädchen zu umarmen, dann ist der Fall ebenfalls ziemlich eindeutig.

Es sei an dieser Stelle noch vermerkt, daß Sexualträume im späteren Alter meist nicht mehr den direkten Sinn haben, sondern sich auf irgendwelche Großleistungen beziehen, die der Träumer vollbringt oder vollbringen will.

Im übrigen aber fallen die Sexualträume in viel größerem Maße in die Gruppen der Träume, die aus dem Blutkreislauf und aus inneren oder äußeren Reizen erwachsen, als die Psychoanalytiker es meist wahrhaben wollen. Man beharrt auf dieser zu starken Anlehnung an den Sexualtraum wohl in alter »Anhänglichkeit« an Freud, der die grundlegenden Erkenntnisse der Psychoanalyse, wie gesagt, vom Sexualtraum, vom Sexualproblem überhaupt ableitete.

DREIZEHNTES KAPITEL

## Farbige Träume – Traummusik gehört – Duftende Traumblumen

Das Traumleben der Frau ist ganz anders als das des Mannes. Es gibt Träume, die bei Frauen immer wieder und sogar mit einer gewissen Regelmäßigkeit auftreten, die man aber beim Mann nie beobachtet, es sei denn, das Seelenleben des Mannes sei so weich, so feminin, daß seine Empfindungen denjenigen einer Frau ähnlich sind.

Farbig zu träumen gilt als Vorrecht des weiblichen Geschlechts. Das will viel besagen in Anbetracht der hohen Bedeutung, die die Farbe in unserem ganzen Seelenleben im Wachen und im Schlaf spielt.

Das Innenleben der Frau ist lebhafter als das des Mannes. Das Empfindungsleben ist stärker. Hinzu kommt, daß die Frau einen schärfer ausgeprägten Sinn für Farben und Farbunterschiede hat. Nicht umsonst wendet sich der Mann oft verzweifelt an eine Frau, wenn er einen Stoff aussucht, wenn er eine Krawatte wählen muß und sich nicht entscheiden kann oder nicht imstande ist, die Farben voneinander zu trennen.

Die Farbenblindheit, die sich im Laufe der letzten Jahrzehnte zu einer Zeitkrankheit entwickelt hat, ist unter Männern fünfmal so stark vertreten wie unter Frauen. Frauen leiden nur in ganz seltenen Fällen, die fast schon wie eine Mißgeburt angesehen werden, unter Farbenblindheit.

Die Empfindlichkeit der Netzhaut für Farbeindrücke ist beim weiblichen Geschlecht viel ausgeprägter. Der Farbensinn im Gehirn ist stärker entwickelt, so daß der Traumpsychologe zu folgenden Schlüssen kommt:

Da die Frau einen höheren Grad der Farbempfindlichkeit als der Mann besitzt, stellen sich bei ihr Farbträume auch dann ein, wenn der Mann nur schwarz-weiß träumen würde.

Da das Phantasie- und Empfindungsleben der Frau viel lebhafter funktioniert, träumt die Frau nicht nur häufiger und intensiver, sondern eben viel häufiger, als der Mann es jemals vermöchte, in – Farben.

Farben sind – so versichert der Psychologe – immer seelische Erlebnisse. Farben sind Wellenschwingungen des Lichts, gebrochene Lichtstrahlen auf einer Oberfläche. Farben sind psychische Erlebnisse. Kehren sie aber aus unserem Innenleben im Traum an die Oberfläche zurück, d.h. sind die Farben Ausdrücke von gewissen Zuständen in unserem inneren Leben, dann können wir in den Farben, die im Traum hervortreten, Aussagen sehen, die über wichtige psychische Vorgänge Aufschluß erteilen.

### *Symbolsprache zwischen grün und violett*

Schwarz ist im Traum nicht immer Trauer. Weiß ist nicht immer Unschuld.

So einfach macht das Traumleben uns die Traumanalyse nicht. Häufig kommt es darauf an, welche Erlebnisse wir mit einer bestimmten Farbe hatten, welche Vorstellung sich uns also unter Umständen von frühester Jugend an einprägte.

Immerhin gibt es gewisse Durchschnittswerte:

Wenn Frauen immer davon träumen, daß sie von einem »schwarzen Mann« verfolgt werden, dann ist dies der Beweis dafür, daß das Farbsymbol Schwarz gleichzusetzen ist mit männlich, während man der Farbe Weiß die Bedeutung weiblich gibt.

Aber es kann sein, daß für manche Frauen oder Männer die Farbe Rot das Symbol der Männlichkeit ist, während das Weibliche sich in den Farben Blau oder Gelb ausdrückt.

Die Traumanalyse weiß von Männern zu berichten, die immer nur davon träumen, daß sie in feierlicher schwarzer Kleidung spazierengehen. Diese Kleidung ist aber nichts anderes als nur eine sehr starke Betonung der Männlichkeit der betreffenden Träumer, eine Männlichkeit übrigens, die meist zu wünschen übrigläßt. Denn sie ist ja vom Innenleben in Frage gestellt, in Zweifel gesetzt – sie ist entweder zu stark oder zu schwach. Man muß sich mit ihr auseinandersetzen. Das ist die Traumsprache in ihrem tieferen Sinn.

*Grün* ist fast immer die Farbe des vegetativen Lebens, der einfachen Natur, des Alltags, vorausgesetzt, daß diese Farbe nicht nach gelb hinüberwechselt oder giftgrün in Erscheinung tritt. Denn grün ist die Farbe der Empfindungsfunktion.

*Rot* ist die Farbe der Gefühlsfunktion, eine aktive, sehr wirksame Farbe zwischen Leidenschaft und Angriff, zwischen Liebe und Haß, zwischen Eroberung, Hingabe und Bedrängnis.

*Blau* ist die Farbe der Denkfunktion, des geistigen, des spirituellen Erlebens, die Farbe der überlegenen Lebensgestaltung und einer gewissen seelischen Gelöstheit.

*Gelb* ist die Farbe der Intuition, des Ahnens, der Witterung gewissermaßen, die Farbe, die die Neugier der Psyche verrät, eine Farbe übrigens, von der Goethe zuerst versicherte, daß sie durch die kleinste Beimischung unschön und schmutzig werde.

*Braun* ist die Farbe der nüchternen Tatsachen, des naturnahen Lebens, das sich gegen jede Spannung, gegen alle Gegensätze sträubt.

*Schwarz* ist die Farbe des Männlichen, aber auch der Unbewußtheit, eine Farbe, die auch im Traum niemals ganz und gar positiv zu werten ist.

*Weiß* ist überhaupt keine Farbe, sie kann alles sein, Aufforderung und Verneinung, ja und nein.

*Violett* gilt in der Psychoanalyse als die Farbe der Einkehr, der Selbstbesinnung, aber auch der Zweifel am eigenen Wert.

Nach den okkulten Wissenschaften bedeutet *blau* = Reinheit; *gelb* = Verführung; rot = Stimme des Blutes; *schwarz* = heiße Leidenschaft. *Weiß* wird in den alten Traumbüchern immer unvorteilhaft bewertet.

*Gerüche im Traum wahrgenommen*

Es gibt auch Geruchsträumer. Das ist genauso verständlich und möglich wie das Farbempfinden im Traum oder wie ein Schmerzgefühl oder eine heitere oder betrübliche Vorstellung.

»Ich träumte, Königin Juliane sagte zu mir, wir wollten in den Garten gehen, um dort Kaffee zu pflücken. Die Königin gab mir auf einmal eine Kilotüte mit Kaffee. Die braunen Bohnen hatten einen herrlichen Duft, auf den ich mich noch genau besinnen konnte, als der Traum schon hinter mir lag!« heißt es in einem Traumbericht.

»Wenn ich von Blumen träume, haben diese Blumen auch immer den Duft, der ihnen zukommt. Ich glaube fast, sie riechen sogar stärker als in der Natur. Nun muß ich sagen, daß mein Geruchssinn, bei mir, die ich schwerhörig bin, besonders stark entwickelt ist!« weiß eine ältere Träumerin zu erzählen.

Die Traumwelt, das Traumerleben scheinen keine Grenzen zu kennen. Wenn schon das Geschehen im Traum sich über Zeit und Raum hinwegzusetzen vermag, dan ist es leicht verständlich, daß auch Farben, Gerüche und die Gefühle in dieses bunte Spiel des Unterbewußtseins hineinragen.

*Wo Frauen anders träumen als Männer*

Es gelang, aus etwa 10000 Träumen den Beweis zu erbringen, daß in bezug auf den Traum und das geistige Erleben ein erheblicher und unbestreitbarer Unterschied zwischen Mann und Frau besteht:

Frauen träumen oft farbig, während Männer fast ausschließlich schwarz-weiß träumen. Farbige Träume bei Männern werden von den Traumanalytikern zum Gegenstand umfangreicher Untersuchungen gemacht.

Die Träume der Frauen sind in einem viel höheren Maße sogenannte Träume des Alpdrückens, also Angst, die die Frau plötzlich befällt und die meist auf Störungen im Kreislauf zurückzuführen ist.

Frauen neigen bei Vollmond und Neumond zu einer regen Traumtätigkeit, zu einem permanenten Traumerleben, auch wenn die Frau sich häufig nachher nicht an die einzelnen Traumbilder zu erinnern vermag.

Wenn ein Mann im Traum einen Kampf auszufechten hat, also

einem Gegner gegenübersteht, dann ist dieser Gegner fast immer ein anderer Mann, meist ein Unbekannter. Träumt die Frau von derartigen Auseinandersetzungen und Streitigkeiten, dann sind fast immer Familienmitglieder in diesen Streit mitverwickelt.

Interessant ist übrigens, daß die Frau nicht nur in einem stärkeren Maße als der Mann Alpdrücken und Farbträume erlebt, sondern auch Musik hört. Wir wissen, daß Farbe und Töne eng verwandt sind und oftmals das eine für das andere stehen kann.

VIERZEHNTES KAPITEL

## Tierträume und ihre Bedeutung

Es gibt kein Ding, kein Bild, das nicht in unseren Träumen auftauchen könnte. Eines der interessantesten Mittel, deren sich die Symbolsprache des Traums bedient, ist zweifellos das Tier. Jeder hat von einem Tier geträumt, von großen oder kleinen Tieren, von gefährlichen und ungezähmten und anderen, die sich schmeichlerisch an uns lehnten und unsere Nähe suchten. Tierträume haben seit altersher die Traumdeutung beschäftigt.

Der *Hund* gilt als das Symbol der völlig ungehemmten Betätigung des Menschen auch in bezug auf all die Dinge, die man sonst vor der Welt nur im Verborgenen zu tun wagt; Hunde symbolisieren immer unser Trieb- und Wunschleben; aber immer verbunden mit einer gewissen Angst vor der Unordnung, die in unser Triebleben hineinkommen könnte. Besonders achte man auf bissige Hunde, die oft als Symbole der Eifersucht im Liebesleben der Menschen auftreten.

Das *Pferd* ist genauso wie der Hund ein Symbol der Triebhaftigkeit, aber hier spielt die Kraft eine ebenso große Rolle wie die Sauberkeit. Menschen, die von Pferden träumen, sprechen meist von diesen Träumen als von beglückenden Erlebnissen, vor allem, wenn sie auf den Pferden reiten konnten.

Die *Kuh* gilt als Symbol des Weiblichen in bezug auf Geduld, Ruhe und Gleichmäßigkeit, aber auch in der Duldsamkeit, im Ertragen, Sichfügen; im Gegensatz zum Stier, der ein Triebsymbol allerersten Ranges ist.

Der *Bär* gilt zwar als ein Tiersymbol der Kraft, aber in einem viel ruhigeren Sinne als andere Raubtiere, wobei übrigens Täuschungen und Enttäuschungen im Sinne des Bären, den man uns »aufbindet«, eine wichtige Rolle spielen.

Die *Schlange* ist seit der Geschichte mit dem Garten Eden als Symbol der Verführung, der List, unter Berücksichtigung der Fähigkeit der Schlange, sich zu häuten, aber auch als Zeichen einer inneren Wandlung, eines Wechsels unserer Haut und damit unserer äußeren Erscheinungsform bekannt.

Die *Katze* gilt zwar auch als erotisches Symbol, aber in einer ganz anderen Art und Weise, da die Katze sich nicht zähmen läßt, also eine gewisse seelische Unordnung verrät. Das gleiche gilt übrigens interessanterweise von Mäusen.

Wir müssen an dieser Stelle, weil diese Tiere immer wieder in Träumen eine sogar recht bedeutungsvolle Rolle spielen, Lebewesen erwähnen, die meist häßlich und unangenehm in Erscheinung treten und auch in der Deutung unerfreulich sind:

*Läuse, Flöhe, Fliegen und Mücken.* Es wurde nämlich durch lange Kontrolluntersuchungen einwandfrei festgestellt, daß diese Tiere nur im Traum auftreten, wenn seelische Störungen und nervöse Belastungen vorhanden sind.

Immer aber wurde beobachtet, daß Läuse und Fliegen verraten, daß sich Ärger und große Schwierigkeiten vorbereiten. Die Feinfühligkeit, die Sensibilität des menschlichen Gehirns vermag anscheinend die Konflikte schon im voraus aus kleinsten Anzeichen zu ahnen und zu erfassen.

Sehr wichtig sind ferner Träume von Fischen, und zwar glaubte man früher immer, daß *Fische* Symbole der Fruchtbarkeit seien. Aber die Traumanalyse stellte bald klar, daß es sich vielmehr um eine erfolgreiche Planung handelt, um eine interessante Aussicht, ein gestecktes Ziel zu erreichen, wenn man ganz deutlich von – lebenden Fischen träumt.

Sind dagegen die Fische tot, dann müssen wir damit rechnen, daß eine Lebenserwartung sich nicht erfüllt hat und wir uns, weil uns gar keine andere Wahl bleibt, mit dem trösten müssen, was das Leben uns sonst noch und auf einer anderen Bahn beschert.

So ziehen sich Tiere in der buntesten Gestalt und Form durch unser Traumleben. Wir müssen mit ihnen rechnen, wie mit unseren Gefühlen, unseren Leidenschaften und unseren Sehnsüchten. Nicht jedem freilich widerfährt es, mit einem Tiger ringen zu müssen oder Gefahr zu laufen, von ihm in einen Abgrund gedrängt zu werden. Aber wem es im Traum zustößt, der weiß heute, daß der Tiger in ihm selbst sitzt und nicht die Welt ihm gefährlich wird, sondern er meist nur sich selbst, mit den großen und den kleinen Tieren, die in ihm wohnen.

### *»Ich rang mit einem Tiger!«*

Als Beispiel sei ein Tiertraum erzählt, der von Frau Mathilde R. berichtet wurde:

Die junge Frau, die sich dem Traumanalytiker anvertraute, zögerte, ehe sie sprach. Vielleicht suchte sie nach Worten, um die Bilder, die noch deutlich vor ihrer Seele standen, in die richtigen Sätze zu kleiden.

»Ich bin nie im Ausland gewesen, ich habe nie einen Urwald gesehen. Aber in meinem Traum war ich mit einer Expedition unterwegs. Und ich befand mich mitten im Urwald.

In den Bäumen kreischten die Affen, die Vögel schrien, die Schlangen raschelten irgendwo im Dickicht. Ich sah eine riesige Boa, die sich durch das Geäst der Bäume wand.

Da – ein Ruf, ein Schrei! Alle, die eben noch neben mir waren, schienen wie vom Erdboden verschlungen. Ich selbst stand einem Tiger gegenüber – Auge in Auge. Ich mußte zu meinem Schrecken feststellen, daß mir die Waffe, die ich vorher zu meinem Schutz in den Händen gehalten hatte, entglitten war.

Das Feuer in den Augen des Tigers loderte. Ich war wie gelähmt. Ich konnte nicht einmal mehr meine Hände bewegen. Ich wollte sie nämlich in einer abwehrenden Geste ausstrecken, als könnte ich damit den Tiger zurückhalten!

Aber in meiner großen Angst hatte ich – so seltsam es klingen mag – den Gedanken: ›Er ist gefährlich. Ich habe Angst. Aber er ist schön – dieser Tiger!‹

Dann kam er näher und näher. Ich wollte nach rückwärts ausweichen. Eine Wurzel hinderte mich. Mein Fuß verfing sich. Ich fiel und hatte plötzlich das Empfinden, in eine tiefe Schlucht zu stürzen – in einen Abgrund, der kein Ende nahm. Im Fallen erwachte ich.«

Der Psychoanalytiker sagt in bezug auf den Traum vom Tiger:

»Wie ein wirklicher Tiger, so ist auch der Tiger im Traumerlebnis gefährlich.

Der Tiger ist dem Triebleben gleichzusetzen, also unserem Wünschen und Sehnen.

Er ist im Traum ein völlig selbständig gewordener Trieb, stets bereit, uns ganz plötzlich anzufallen und mit uns – aufzuräumen.

Als Symbol ist er dem Stier und wilden, bissigen Hund gleichzusetzen. Aber er ist schlauer als der Stier und reißender als die Hunde.«

Dennoch erlebt der Analytiker immer wieder, daß Frauen, die solche Tigerträume haben, ganz ehrlich bekennen, daß die gewaltige Kraft und Größe dieses Tiers sie faszinierte.

Jene junge Frau war, wie die Traumanalyse ergab, durch widrige Umstände, vielleicht aber auch ein wenig durch ihren Leichtsinn, in einen Dschungel der Verstrickungen hineingeraten, wo sie genaugenommen vor lauter Bäumen den Wald nicht mehr sah. Alles, was in der Symbolsprache des Traums Bezug hatte auf die Liebe – die Vögel, die Affen, die Schlangen – tauchte in ihrem Traum auf.

Die Auseinandersetzung fand also zwischen ihr und dem Tiger, dem Urbild der Triebvitalität, und ihrem eigenen Wunsch- und Traumleben statt.

Sie stand vor der Entscheidung, zu wählen zwischen einem stillen und gutmütigen Mann und einem anderen, der durch die Vehemenz seiner Leidenschaft ihr zwar Furcht einflößte, sie gleichzeitig aber in seiner ganzen Art reizte, um nicht zu sagen betörte.

Die vorsichtig warnende unterbewußte Seelensprache zog ein anderes Register und ließ die Träumerin erkennen:

daß die Gefahr, sich mit jenem leidenschaftlichen Mann einzulassen, für sie ungeheuer groß sei und gefährliche Konsequenzen in sich schließe;

daß sie sogar jeden Halt verlieren und zu Fall kommen könne (im symbolischen Sinne), d. h. Gefahr laufe, aus ihrer jetzigen gesellschaftlichen Position abzustürzen in eine Tiefe, aus der es im Traum zwar ein Erwachen, im Leben aber kaum eine Erlösung für sie geben konnte.

### FÜNFZEHNTES KAPITEL

## Kann man die eigenen Träume selber deuten?

Nun kommen wir zu der für uns sehr wichtigen Frage, ob der Mensch in der Lage ist, seine eigenen Träume zu deuten. Die Antwort auf diese Frage ist ein Ja und ein Nein. Denn es kommt ganz darauf an, welcher Art die Träume sind.

Nach allen bisherigen Erläuterungen steht jedenfalls fest, daß wir, wenn wir morgens aus dem Schlaf erwachen und uns auf einen Traum besinnen, uns ohne weiteres sagen können: Es handelt sich bei dem Geträumten um einen Fiebertraum, oder dieser Traum kam aus dem Magen. Denn wir stellen vielleicht eine Temperaturerhöhung fest, oder wir haben noch Magenweh, oder wir haben überhaupt unruhig geschlafen.

Ferner wird es uns auch nicht schwerfallen, beim Erwachen in der Nacht gleich zu erkennen, ob der Traum durch einen feststellbaren äußeren Reiz verursacht wurde. Die Bettdecke liegt vielleicht noch am Boden, oder wir haben uns während des Schlafes im Bett quergelegt. Ein Geräusch dauert noch an beim Erwachen und gibt eine Erklärung.

Wir sind also bestimmt imstande, die äußere Unterscheidung zu machen, die erste Sortierung vorzunehmen und uns darüber klarzuwerden, daß diese Träume einfach Schlafschutzträume sind, bei denen wir nur ausnahmsweise nach einem tiefsinnigen Hintergrund forschen können, dann nämlich, wenn ein schon fast offenliegendes Problem sich rasch einen Auspuff suchte und dazu die erste sich bietende Gelegenheit benutzte. Aber wenn etwas schon so weit oben liegt, daß es so schnell ans Licht kommt oder kommen will, dann ist es entweder noch sehr frisch oder schon sehr weit verarbeitet und nicht mehr allzu kompliziert.

Ferner vermögen wir uns darüber klarzuwerden, wann wir einen Warntraum erleben. Meist sind die Zusammenhänge überraschend, die Bilder sehr deutlich und der Fingerzeig, der uns gegeben wird, kaum verhüllt. Aber hier muß man sich schon ein wenig der Symbole bedienen, die im zweiten Teil dieses Buches angeführt sind. Denn wir – die im Tagesleben so selbstbewußten Besserwisser – wollen uns ja im Wachzustand nichts mehr vormachen lassen von der Logik, die von innen kommt. Der Warntraum kennt unsere Einwände ganz genau, trifft deshalb seine Vorsichtsmaßnahmen und umschreibt das, was er sagen will, wenn der Träumer allzuviel von seiner Intelligenz hält und sich gar nichts sagen lassen möchte.

Mit einer allfälligen Anlehnung an das Verzeichnis der Traumsymbole, das der Leser im zweiten Teil findet, wird er also auch mit den Fragen fertig, die sich aus dem Warntraum ergeben. Wie er dann auf die Erkenntnisse des Warntraums reagiert, das ist seine Sache, genauer gesagt: das ist eine andere Sache.

Wir können die Erkenntnisse in den Wind schlagen, wir können ihnen entsprechen. Das liegt in unserer Hand. Da beginnt unser sogenannter freier Wille. Während es dem Tier ganz unmöglich ist, gegen den Instinkt zu handeln, können wir es tun. Ob zu unserem Nutzen, soll nicht weiter erörtert werden.

Das Problem der Möglichkeit, die eigenen Träume zu deuten, wird interessanter, wenn wir gezwungen sind, uns mit den Tiefenträumen zu befassen.

In diesem Fall muß man, wenn man aus einem solchen Traum erwacht, erst einmal zu erfahren suchen, in welcher Beziehung der Traum zu allerjüngsten Tagesereignissen steht. Ist die Beziehung ermittelt, dann werden auch die Symbole meist klar. Oder aber man muß im Verzeichnis der Traumsymbole nachschlagen und überlegen, inwieweit sie mit den eigenen Gedankengängen übereinstimmen.

Ist keine Beziehung zu jüngsten Tagesereignissen zu finden, scheint uns der Traum wirklich ganz tief, wie ein echt erlebtes Ereignis, dann müssen wir trachten, erst einmal alle Einzelheiten festzuhalten, und hierauf die Diagnose versuchen, wobei die unklaren Bilder wiederum durch das Verzeichnis der Traumsymbole erläutert werden können.

Aber wenn sich nach der eigenen instinktiven Auffassung Komplikationen ergeben, dann ist es besser, es nicht weiter allein zu versuchen, sondern einen Menschen, der sich in der echten Traumanalyse auskennt, um Hilfe anzugehen. Man muß immer bedenken, daß es einer gewaltigen Anstrengung bedarf, um bei eigenen, höchstpersönlichen Angelegenheiten objektiv, wirklich neutral, wirklich sachlich zu sein. Sind wir nicht geneigt, gar zu gerne alles so auszudeuten, wie es uns gerade paßt, und die Symbolsprache sogar so zu interpretieren, wie es uns am angenehmsten ist?!

Die Deutung, die sich bei allererster Erinnerung ergibt, ist meist richtig, die anschließende uns stark zusagende Überlegung, die uns schmeichelt oder quält, ist meist falsch, weil wir dann schon unsere eigenen sadistischen oder masochistischen Triebe entfaltet haben und nun alles so zurechtbiegen, wie es uns paßt.

Hier brauchen wir eben den neutralen Schiedsrichter. Oft kann man das allein erreichen, indem man nach einigen Tagen, wenn man schon einen gewissen Abstand zu den Problemen gewonnen hat, die Dinge noch einmal durchgeht.

Es ist also möglich, die eigenen Träume zu deuten, solange es sich um Reizträume handelt und nur eine Aussortierung in Frage kommt. Man kann auch Warnträume interpretieren. Man kann selbst Tiefenträume zu durchschauen versuchen, indem man sich zum eigenen Schiedsrichter macht. Wie schwer das ist, erläutert eine einfache Überlegung: Welcher Angeklagte würde sich selbst verurteilen, wenn es darauf ankäme? Sehr oft handelt es sich doch darum, sich auf Grund eines Traumes selbst zu verurteilen und sich erkennend zu sagen: »In diesem Traum hat dein höchstpersönliches Ich gesprochen, allerdings in der Gestalt des irgendwo in dir versteckten Bösewichts.«

Die Aussprache mit einem Vertrauten, die Beichte, die Führung eines Tagebuchs, das bestimmt kein Mensch jemals zu Gesicht bekommen wird, das also ohne jede Rücksicht geführt werden kann, all diese Dinge sind bereits Ventile für Komplexe, die man sonst im Leben nicht los wird, und die sich im Traum entladen. Aber auch derjenige, der zur Beichte geht, ohne den tiefen Sinn der Beichte zu erfassen, und sich nicht ganz aufschließt, derjenige, der sich in seinem Tagebuch selber etwas vorlügt, sich selbst schmeichelt oder interessant findet, wird sich nachts in Träumen wälzen. Und auch er wird diesem und jenem Symbol nachgrübeln und überlegen, was dies und das wohl sagen will.

Aber sehen wir uns jetzt einmal das Verzeichnis der Traumsymbole etwas näher an und überlegen wir uns, wie wir es am besten gebrauchen.

Ich habe mich bemüht, das Verzeichnis besonders interessant zu gestalten, indem ich neben den heutigen psychoanalytischen Symbolbezeichnungen auch die der alten Traumbücher anführe. Das Ägyptische Traumbuch genießt in dieser Beziehung einen besonderen Vorzug, weil die alten Ägypter in einer eigenartigen Vorwegnahme der Psychoanalyse die Traumdeutung auf breiter Grundlage betrieben haben. Jeder erinnert sich an die Traumgesichte Pharaos, die Joseph gedeutet hat. Leider sind die Symbolangaben im Laufe der Jahrtausende – wie es beim alltäglichen Gebrauch unvermeidlich ist – verflacht. Aber es steht dennoch fest, daß die Ägypter, die sich auf noch ältere Unterlagen anderer Völker stützten, eine Menge Zeichen und Deutungen kannten, welche sich mit den heutigen Erkenntnissen unbedingt in Einklang bringen lassen. Freilich muß man in der Verwendung sehr vorsichtig sein und sie nur als das nehmen, als was sie gedacht sind, als Vergleichsmaterial für die eigene Symbolforschung.

Außerdem führe ich in vielen Fällen die Deutungen an, die sich in den französischen »Sciences occultes« finden und die aus mittelalterlichen und vermutlich stark aus arabischen Quellen geschöpft sind.

Das Verzeichnis der Traumsymbole wurde auf Grund langer Erfahrungen zusammengetragen. Aber ich muß, vielleicht zur Enttäuschung des Lesers, gleich einen Vorbehalt machen. Es wird nicht möglich sein, jeden Traum mit Hilfe dieses Verzeichnisses zu erklären oder sich der Symbole so zu bedienen, wie sie hier interpretiert sind.

Denn wenn sich auch gewisse Gemeinsamkeiten im Seelenleben und in der Entwicklung der Menschen durch die Jahrtausende feststellen lassen, so daß sich in den großen, sich immer wiederholenden Symbolen gewisse einheitliche Linien ergeben haben, ist die Tatsache doch nicht zu übersehen, daß der einzelne Mensch sehr oft seine eigene Traumsprache entwickelt. Bei ihm bilden sich in vielen Fällen Symbole heraus, die kein anderer außer ihm hat und die ein anderer infolgedessen nicht versteht oder sich erst mühsam zurechtlegen muß. Schließlich ist es mit den Traumsymbolen wie mit der Gesprächigkeit. Es gibt Menschen, die sich über alles ausschweigen können, denen man kein Geheimnis zu entreißen vermag, die dem Nächsten nichts anvertrauen. Diese Verschwiegenen, die anderen wortlos bedeuten, daß die eigene innere Sprache sie nichts angehe, werden sich auch eine eigene Traum-Symbolsprache zurechtbiegen.

Je nach der Psyche des Träumers ist es möglich, daß er im Traum eine Sprache spricht, die ganz besonders raffiniert verschlüsselt ist und der man nur schwer auf den Grund kommen kann. Hier muß man – wenn man die Träume eines anderen deuten will – so vorgehen, daß man sich die seelischen Eigenarten des Träumers genau klarmacht und einige Anhaltspunkte findet, um von dort aus dann durch Neuland in die altbekannten Ebenen der Traumanalyse vorzustoßen.

Wer seinen eigenen Träumen gegenüber ahnungslos ist, weil ihm die Symbolsprache nicht weiterhilft – jene Symbolsprache, wie sie für den Durchschnittsmenschen erforderlich ist – der ist eben gezwungen, sich sein eigenes Symbol-Wörterbuch anzulegen, sich zu erinnern, Notizen zu vergleichen, alle Träume zu notieren, um auf diese Weise »ein Bild« zu bekommen.

Unerläßlich ist es aber in allen Fällen für jeden, dem es mit der Erkenntnis des Traumlebens ernst ist, nach folgendem Grundsatz zu verfahren:

Man halte stets neben dem Bett Papier und Schreibzeug bereit. Wenn man aus einem Traum erwacht, darf man keine Sekunde zögern, sondern muß den Traum sogleich aufschreiben, und zwar erst einmal in großen Zügen; zum Beispiel: Mit Zug gefahren, Geld verloren. Dann hat man immer noch Zeit, die Einzelheiten hinzuzufügen; doch auch dies sollte sofort, noch nachts oder morgens nach dem Erwachen, getan werden. Keine Minute darf man warten; denn die Bilder, die sich aus der Schlafwelt zu uns herüberretten, sind oft sehr unbestimmt, sehr flüchtig, verblassen im Nu und haben dann keinen Zusammenhang mehr. Namen und Zahlen, die im Traum vorkamen, schwinden noch rascher aus dem Gedächtnis. Meist weiß man schon nach zwei oder drei Minuten nicht mehr, ob die Zahl 285 oder 483 war, sosehr man sich auch anstrengt, sich zu erinnern.

Die sofortige Aufzeichnung ist also unerläßlich, und zwar muß die Aufzeichnung so sorgsam und so eingehend wie möglich sein. Dieser Rat gilt erst einmal für alle Träume. Wir können, wenn wir wollen, nach der Niederschrift gleich hinzufügen, ob wir den Traum in die Gruppe der Reizträume, in die Serie der Warnträume, in den Kreis der Oberflächen-Tiefenträume oder in die so besonders wichtige Reihe der echten, ganz großen Tiefenträume einreihen wollen. Wenn wir die Notizen am nächsten Tag und dann vielleicht noch einmal einige Tage später nachlesen und überlegen, kommen wir unter Umständen zu einer anderen Auslegung.

Vor allem bietet dieses nächtliche Aufzeichnen den großen Vorteil, daß man sich, wenn man mit der Traumdeutung allein nicht weiterkommt, wenn man einen Traum als Wiederholungs- oder Serientraum erkennt, mit frischen und unverfälschten Notizen an einen Helfer – einen geschulten Traumdeuter – wenden kann. Dieser Helfer ist dann oft in der Lage, die Zusammenhänge auf den ersten Blick zu erfassen und eine Verbindung aufzudecken, die einem selbst entgangen ist. Vielleicht mußte dieser Zusammenhang uns entgehen, weil er uns unangenehm ist, weil wir uns gegen diese Lesart irgendwie sträubten und sie deshalb nicht bis zum Tagesbewußtsein gelangen ließen. Wir hatten uns eben etwas vorgemacht. Diesen Gefallen tut uns der neutrale Schiedsrichter nicht, weil er ja unseren wunden Punkt vorerst noch gar nicht kennt.

Es gibt Traumdeuter, die sogar so weit gehen, zu sagen: Wenn jemand mit einem komplizierten Traum kommt, ihn erzählt und nachher sagt: »Ich bin ganz sicher oder fast sicher, daß dieser Traum dies und das bedeutet, weil es doch auf der Hand liegt!« – dann ist es angezeigt, sehr skeptisch zu sein und die erwartete Lösung, die der Mensch, der geträumt hat, vorschiebt, als unwahrscheinlich anzunehmen. Denn meist sind die Zusammenhänge ganz anders, viel unangenehmer oder aber viel einfacher. Das kommt darauf an.

Ich gehe nicht ganz so weit, weil ja sonst die eigene Traumdeutung unmöglich würde. Vor allem glaube ich, daß Menschen mit sich allein im Kämmerlein viel neutraler gegenüber sich selbst zu sein vermögen, als man meist annimmt, vor allem, wenn sie sich in dieser Hinsicht Mühe geben.

SECHZEHNTES KAPITEL

## Der Traumkalender, das Nächtebuch

Der Leser weiß nun, was der Schlaf ist und was der Traum im Schlaf bedeutet. Er weiß auch, wie die einzelnen Träume entstehen, wie sie sich erklären lassen und was man von ihnen zu halten hat. Außerdem findet er im zweiten Teil dieser Schrift ein alphabetisch geordnetes Verzeichnis der Traumsymbole, das ihm bei der Traumdeutung als Hilfe dient. Aber das ist alles nur Anleitung. Die eigentliche Arbeit beginnt damit, daß man das eigene Traumleben ernsthaft zu erfassen sucht.

Zu diesem Zweck ist ein eigenes Traumbuch erforderlich, ein Buch, in das man die eigenen Symbole einträgt, soweit man sie zu verstehen vermochte. Ferner brauchen wir einen einfachen Datenkalender mit Raum für tägliche Notizen. Denn wir müssen ja jeden vorkommenden Traum dem Datum nach notieren, und zwar so eingehend wie möglich. Große Träume müssen wir gesondert aufzeichnen, ebenfalls mit Datum und allen Einzelheiten, unter Umständen auch mit Zeichnungen. Denn die Bilder, die mehrfach in den Träumen auftauchen, sind besonders wichtig.

Dann kommt noch ein Nächtebuch hinzu, in dem wir die Gedanken notieren, die uns im Zusammenhang mit den Träumen und bei plötzlichem Erwachen des Nachts kommen. Wer sich einmal daranmacht, ein solches Nächtebuch zu führen, der wird erstaunt sein, welche Fülle von seltsamen Gedanken des Nachts auf den Menschen einstürmen, Ideen, die er am Morgen längst vergessen hat.

Man muß bedenken, daß wir nicht immer die Ergebnisse der geistigen Nachtarbeit unseres Hirns in Bildern sehen, sondern oft ist die Erinnerung an die Bilder verwischt, aber der Gedanke tritt nachts flüchtig hervor. Und diesen Gedanken gilt es festzuhalten.

Überraschende Gedankensprünge, besonders tiefgreifende Träume, für die wir unter gar keinen Umständen eine Erklärung wissen oder finden können, mahnen zur Vorsicht. Vermag man auch mit fremder Hilfe eine Traumserie oder einen Wiederholungstraum nicht zu deuten, dann muß man sich an den Psychiater wenden. Denn die gänzlich unerklärlichen Träume aus der Gruppe der großen Tiefenträume sind sehr oft Anzeichen für ernste Komplikationen im Nervensystem oder im Gehirn, sind häufig Vorboten geistiger Erschütterungen oder Störungen, denen man bei frühzeitiger Erkenntnis mit den Mitteln der modernen Psychiatrie begegnen kann.

Auch in diesen Fällen tun die Traumaufzeichnungen bessere Dienste als langatmige Erklärungen. Was im Augenblick des Geschehens, unmittelbar nach dem Erwachen niedergeschrieben wurde, das ist für den Psychiater wie eine freigelegte Seele, wie ein offenes Unterbewußtsein, wie eine Enthüllung des Unbewußten.

Dem Gesunden wollte ich zeigen, daß er sich nicht um jeden dummen Traum zu kümmern braucht. Dem Nervösen glaube ich den Weg gewiesen zu haben, wie er sich in der Fülle der auf ihn einstürmenden Träume zurechtfinden kann. Allen, die ihren Träumen ernsthaftes Interesse schenken, mögen die in dieser Schrift enthaltenen Ratschläge und Hinweise und vor allem das folgende Verzeichnis der Traumsymbole als Brücke dienen, mit deren Hilfe sie sich – zuerst vielleicht etwas schwankend, aber nachher immer sicherer – in den seltsamen Höhen und Tiefen der Traumwelt bewegen können. Und wenn dieses Buch ferner dazu beiträgt, diesen und jenen zu veranlassen, sich ein wenig mehr mit seinem inneren Menschen zu befassen, dann hat es seinen Zweck voll und ganz erfüllt.

Nun mache man sich an die Arbeit, an die Aufzeichnung der eigenen Träume, an die Kontrolle der Symbole, an die persönliche Korrektur der Allerweltszeichen im Traum. Nichts im Reich der Träume ist unerschütterliches Gesetz. Kein Symbol steht so fest, daß es nicht durch andere Symbole ersetzt oder entthront werden könnte. Denn schließlich erwachsen die Symbole ja aus dem lebenden Menschen, aus dem Menschen, der träumte, der vielleicht seit dem Augenblick seiner Geburt im Schlaf Bilder sah, uralte und neue, vererbte Urbilder und Symbole, die wir uns selbst aneigneten. Denn auf dieser Welt ist nichts so interessant wie der Mensch. Und am Menschen ist das Interessanteste das Innenleben. Und am Innenleben ist das Geheimnisvollste die Einbruchstelle in die Tiefen, wie sie der Traum uns zeigt.

Ich wiederhole an dieser Stelle die bereits früher gemachte Einschränkung, daß es vielleicht nicht in jedem Fall möglich sein wird, mit Hilfe des nachstehenden Verzeichnisses einen Traum zu erklären.

Die Gründe hierfür sind dem Leser bekannt: Die Verkleidung in Symbole, in nicht erfaßbare oder erklärliche Bilder kann im einzelnen Fall so verworren sein, daß man nicht ohne weiteres durch das Gewirr hindurchzuschauen vermag, vor allem dann nicht, wenn eine eigenwillige Persönlichkeit eigene Symbole entwickelt, die einen ganz besonderen Sinn haben, der nicht mit der üblichen Deutung übereinstimmt.

In solchen Fällen bedarf es sehr geduldiger Arbeit, entweder von seiten dessen, der geträumt hat und sich selbst um seinen Traum kümmert, oder von seiten eines Helfers, bei der Klarstellung der Probleme, die durch den Traum aufgeworfen wurden.

Auf eine Absonderlichkeit muß ich noch hinweisen: Bei sehr schweren Krankheiten, bei Menschen, die hoffnungslos darniederliegen, stellen sich mitunter Träume ein, die in wunderbaren, strahlenden Farben gehalten sind, die alles nur erdenklich Schöne erstehen lassen. Man soll sich nicht zu viel Mühe geben, diese Träume zu untersuchen und zu deuten, denn nach vielen gemachten Erfahrungen handelt es sich dabei um eine Art von Trostträumen.

Die folgenden allgemeinen Richtlinien, die noch einmal die schon gegebenen Anleitungen kurz zusammenfassen, vereinfachen den Gebrauch des Verzeichnisses und genügen für die durchschnittlichen Fälle als Wegweiser:

Am wichtigsten ist es, den Traum gleich nach dem Erwachen oder aber, wenn es beim Träumen nicht zum Erwachen kam, am Morgen sofort festzuhalten. Das geschieht auf zweierlei Weise:

1. Mit einigen Stichwörtern, zum Beispiel: »Zug verpaßt« – »Überfahren worden« – »Auf einen Turm gestiegen« – »Mit schwarzem Hund gespielt « – »Korb mit Eiern getragen«.

Mittels dieses sehr einfachen Verfahrens sichert man sich die Grundsymbole und die Haupterinnerung an den Traum, ehe er verblaßt. Diese Grundsymbole sind in der Regel ziemlich eindeutig. Aber es hat keinen Sinn, nun rasch unter »Zug«, »Hund«, »Ei« oder »Turm« im Verzeichnis nachzuschlagen. Vielmehr muß erst

2. das Problem geklärt werden. Es gilt, die Einzelheiten des Traumes festzuhalten, und zwar einschließlich aller darin vorkommenden Gegenstände und Personen, soweit man sich erinnert.

Ist die Handlung des Traumes klar, hat man ferner festgestellt, daß es sich dabei nicht um einen einfachen Traum aus dem Magen oder aus dem Blutkreislauf handelt, der vermutlich keine tiefere Bedeutung hat, sondern um einen wertvollen, deutungswerten Traum, dann kann die nähere Betrachtung beginnen.

Bei einem Warntraum kommt es darauf an, die Warnung entweder in der direkten oder in der verschleierten Form zu erkennen. Hat man den Eindruck, daß in der Warnung etwas verschleiert wurde, fühlt man, daß man vor etwas gewarnt werden soll, das man nicht klar erkennt, dann muß das Verzeichnis der Traumsymbole zu Rate gezogen werden.

Wenn es sich um einen sogenannten halbtiefen Traum handelt, der sich an persönlich wichtige Tagesereignisse anlehnt, so hat man meist verhältnismäßig wenig Schwierigkeiten zu überwinden. Es kommt nur immer darauf an, ob der Traum es wagte, sich mit uns in der Alltagssprache zu unterhalten oder aber nach dem Rezept »Über so etwas spricht man doch nicht« in Symbolen. Scheinen die Dinge in dem Traum »sinnlos«, dann ist man genötigt, das Verzeichnis der Symbole zu Hilfe zu nehmen.

Meistens wird das bei der Behandlung eines echten Tiefentraumes der Fall sein. Denn die ganz aus der Tiefe heraufkommenden Träume sind fast immer verschachtelt und verkleidet. Wäre der Vorgang im Traum kein Problem für den Schläfer, so brauchte der Traum ja gar nicht zu entstehen. Ist der Traum aber ein Problem, dann ist der Untergrund etwas Ungeklärtes oder Verdrängtes. Über diese Dinge spricht der Traum jedoch meist »durch die Blume«. Und diese verblümte Traumsprache soll mit Hilfe des Verzeichnisses gedeutet werden.

Wenn man also im unklaren Traum die Symbole herausgefunden, die Hauptgegenstände und Personen voneinander getrennt hat, dann schlägt man im Verzeichnis nach und stellt sich anhand der gewonnenen Symbolbedeutungen die Frage, welche Idee, welche Vorstellung dieses Symbol im Zusammenhang mit dem Traum auslöst, an welchen Vorgang man dadurch erinnert wird. Der Vorgang braucht an sich gar nichts mit dem Bild zu tun zu haben. Solche Gedankenreihen können uns schon sehr weit führen und erstaunliche Ergebnisse erzielen. Es ist jedoch ratsam, diese »Funde«, diese Gedankenreihen in Stichwörtern festzuhalten, niederzuschreiben, denn sonst schwinden sie genauso rasch dahin wie der Traum selbst.

Genügt es nicht, die Symbole der ersten Aufzeichnung – der Stichwörter des Traumes – zu untersuchen, das heißt, kommt man auf diese Weise noch zu keinem Ergebnis, dann muß man die Aufzeichnung der Einzelheiten in diesem Sinne prüfen.

Wichtig ist in bezug auf den Gebrauch des Verzeichnisses, daß sehr oft irgendein geträumter Gegenstand als solcher nicht darin enthalten ist. Andernfalls müßte ein vielbändiges Lexikon hergestellt werden. In solchen Fällen muß man nur ein wenig nachdenken und eine Ersatzvorstellung, eine Sammelbezeichnung wählen. Es kann zum Beispiel sein, daß man das Wort »Elster« oder »Rabe« nicht findet; hingegen ist das Stichwort »Vogel« angegeben. Findet man nichts unter »Tiger« oder »Leopard«, so muß man nur unter »Raubtier« nachschlagen. »Python« oder »Kobra« muß unter dem Stichwort »Schlange« gesucht werden. Der Leser versteht, was ich sagen will: Die Sammelbezeichnung ist oft der Ausweg. Aber man beobachte sich selbst und prüfe sich, auf welchem Weg man zu der Sammelbezeichnung gekommen ist, oder wie man die Ersatzbezeichnung gefunden hat. Denn diese Gedankenkette kann wiederum wichtige Anhaltspunkte geben. Ein Beispiel: Jemand träumt von einer Viper. Auf der

Suche nach einer Ersatzbezeichnung fällt ihm aber nicht Schlange, sondern Wurm oder Kriechtier ein. Im Zusammenhang mit Kriechtier denkt der Suchende vielleicht an Speichellecker oder Kriecher und dabei an eine ganz bestimmte Person. Dann muß er überlegen, ob dieser Kriecher, dieser Speichellecker nicht etwas mit dem Traum zu tun hat. Oder der Wurm mit dem Verkriechen – entweder im Sinne der Erniedrigung oder im Sinne des »Unter-die-Erde-Gehen«, »In-den-Boden-Versinken«. Man frage sich, wer in den Boden versinken soll? An wen denkt der Suchende in diesem Augenblick, welches Ereignis fällt ihm ein?

Vermutlich werden es mir manche Leute zum Vorwurf machen, daß ich im Verzeichnis auch die Symbole der alten Traumbücher anführe. Nun, ich bin mir im klaren darüber, daß viele der Bilder teils unsinnig sind, teils verschüttet sein müssen in den Ausdeutungen, auch wenn sie ursprünglich richtig waren, ganz abgesehen von den Fehlern, die sich bei den drei- oder vierfachen Übersetzungen aus dem Ägyptischen, Hebräischen, Chaldäischen, Arabischen in die europäischen Sprachen sicherlich eingeschlichen haben. Aber ich fand dennoch – alle Fehler und Irrtümer und Mißdeutungen zugegeben – genug Gründe, die einzelnen Deutungsarten nebeneinanderzustellen, nicht etwa, damit sich jeder das ihm Passende aussuchen kann, sondern um ihn von vornherein auf die Deutungen hinzuweisen, die unsere Großmütter anhand der Traumbücher gefunden haben, die sich also als alte Erinnerungen bei uns einschleichen konnten.

Damit rundet sich das Bild; es wird dem Suchenden nicht mehr zu schwer sein, für die Träume, die er als wirklich deutungswerte Träume erkannt hat, also für jene Bilder, die nicht als einfache Schlafschutz- oder Magenreiz-Träume aufgestiegen sind, unter Anwendung der psychoanalytischen Technik und unter Benutzung des entsprechenden Stichwortes im Verzeichnis der Traumsymbole die richtige Deutung zu finden.

Die vorhergehenden Ausführungen sollen nun in einem Fragebogen zusammengefaßt werden, der einige weitere Hinweise enthält, die bei der Prüfung des eigenen Traumes oder bei der Behandlung eines fremden Traumes wichtig sind.

# Fragebogen

Zeitpunkt des Traumes:

Tag: Nacht vom zum

Uhrzeit (ungefähr):

Bald nach dem Einschlafen:

Spät in der Nacht:

Vor dem Erwachen am Morgen:

Grundidee (Stichwörter):

Einzelheiten (Handlung, vorkommende Personen, Gegenstände, Zusammenhänge):

Hauptgericht bei der wichtigsten Mahlzeit des vorhergehenden Tages:

Speisen, die am Abend vor der Traumnacht gegessen wurden:

Wurden Nebenspeisen oder Genußmittel in größeren Mengen

zusätzlich konsumiert (einschließlich Kaffee, Tabak, Alkohol):

Liegt eine körperliche Verunstaltung vor:

Wird der Träumende von gesundheitlichen Beschwerden geplagt:

Chronisch:

Seit einiger Zeit:

Neuerkrankung:

Bestanden in der Traumnacht gesundheitliche Beschwerden:

Fieber (zum Beispiel im Zusammenhang mit einer Erkältung): Frauen müssen unbedingt angeben, ob die Periode in die Traumzeit fällt, oder ob Unruhe wegen einer Verzögerung der Periode bzw. einer möglichen Schwangerschaft sie beherrscht.

Erinnert der Traum, nach Stichwörtern festgehalten, an etwas? Welche Zusammenhänge bestehen zwischen der Erinnerung und dem Traumgeschehen:

Wie erklärt sich der Träumer den ganzen Traum:

Wurde schon einmal etwas Ähnliches geträumt:

Wann:

Mehrfach:

Mit welchen Abweichungen:

In der Praxis der wissenschaftlichen Traumdeutung ist dieser Fragebogen noch viel umfangreicher. Aber für unsere Zwecke genügt die Zusammenstellung in dieser Form, sowohl für den eigenen Gebrauch als auch zu einfachen Hilfeleistungen bei fremden Träumen. Bei der Deutung der eigenen Träume muß man sich jedoch immer wieder ins Gedächtnis rufen, daß man mit sich selbst so neutral und objektiv wie möglich zu Gericht gehen soll. Denn es hat keinen Zweck, sich etwas vorzumachen. Man kann ja nachher, wenn man sich über das, worauf es ankam, klargeworden ist, die Aufzeichnungen vernichten, falls man über keinen absolut sicheren Aufbewahrungsplatz verfügt. Aber wenigstens soll man während der Eigenprüfung eines deutungswerten Traumes danach trachten, mit sich ganz ehrlich zu sein.

Genaugenommen wird also mit dem Nachschlagen im Verzeichnis der Traumsymbole erst begonnen, wenn man alle vorstehenden Fragen beantwortet hat, falls das Nachschlagen dann noch notwendig erscheint.

# ZWEITER TEIL

## Erläuterndes Verzeichnis der Traumsymbole nach Stichwörtern alphabetisch geordnet

### Erklärung der Abkürzungen
im Verzeichnis der Traumsymbole

*ägypt.* = ägyptisch. Dabei handelt es sich um die Auslegung der Symbole nach den alten und neueren ägyptischen Quellen. Die ägyptischen Quellen sind chaldäischen Ursprungs, später wurden die ägyptischen Auslegungen auch bei den Griechen und sehr viel später bei den Römern angetroffen.

*scienc. occ.* = sciences occultes – okkulte Wissenschaften. Die von den Gesellschaften, die sich mit den okkulten Wissenschaften befassen, heute am häufigsten angeführten Auslegungen. Das Verzeichnis stützt sich auf französisches Material, bei dem der arabische Einfluß unverkennbar ist. Aber die Auslegung der Symbole ist stark verwaschen, nicht mehr eindeutig, nicht mehr klar.

*Psychoan.* = Psychoanalyse. Aufgrund der vorhandenen Quellenwerke der wissenschaftlichen Traumliteratur und an Hand von eigenen Erfahrungen wurden die besten Auslegungen zusammengestellt. Ein Vergleich zeigt, daß diese Auslegungen der Symbole und Bilder sich oft mit keiner der vorhergehenden beiden Gruppen decken. In diesen Fällen hat die Erfahrungswissenschaft vergangener Jahrtausende sich entweder nicht bewährt oder sie ist zu sehr auf andere Zonen (Asien, Nordafrika usw.) abgestimmt und entspricht daher vielleicht den psychologischen Eigenarten der Träume anderer Rassen, während sie für uns nicht stimmt. In anderen Fällen aber decken sich die Auslegungen.

Aal

*ägypt.:* Fangen = gut; essen = Verdruß.
*scienc. occ.:* Krankheit.
*Psychoan.:* Meist mit Schlange identifiziert (siehe dort), oft im gleichen Sinn wie Wurm im Wasser gebraucht.

Aas

*ägypt.:* Schmerz, Trauer.
*scienc. occ.* (im Sinne von Leiche = Kadaver): Gute Bedeutung.
*Psychoan.:* Endgültige Aufgabe oder Erledigung einer Sache. Zu beachten: Kadaver von welchem Tier? Wen sehen wir in diesem Tier?

Abbrennen (siehe auch Feuer)

*ägypt.:* Mit heller Flamme und Rauch = große Freude.
*scienc. occ.:* Anzünden = Gefahr der Schwangerschaft; sich verbrennen = Liebesaffäre.
*Psychoan.:* Immer schlecht, vor allem wenn Dachstuhl abbrennt. Kopfnerven, Gehirn überwachen; Fieber? Sonst im gleichen Sinn wie Abbruch, nur persönlicher und schlimmer, wenn auf die eigene Person bezogen.

Abbruch

*ägypt.:* Verleumdung.
*scienc. occ.:* Schlechte Vorschläge.
*Psychoan.:* Abbau von Plänen, oft Verzagen an einer Wiederherstellung von etwas Verlorenem. Befürchtung, daß andere mit Wort und Tat zur Zerstörung von Plänen und Ruf beitragen, wenn man zum Beispiel den Abbruch eines Hauses sieht.

Abenteuer – Abenteurer

*ägypt.:* Hintergangen werden.
*scienc. occ.:* Erfolg durch Mut.
*Psychoan.:* Unsicherheit in bezug auf die Umgebung oder eine andere Person. Neigung zu gewagten Beziehungen und nicht ganz einwandfreien Personen.

Abgrund

*ägypt.:* Trübsal, Unglück.
*scienc. occ.:* Lustiger, etwas zweideutiger Vorgang.
*Psychoan.:* Am Abgrund stehen = Befürchtungen, Annäherung an gefährliche Zone (Zeit) im Leben. Am Abgrund sein = die Gefahr ist akut. Das Unterbewußtsein sieht weiter! Andere im Abgrund sehen = die Lage eines anderen ist voraussichtlich katastrophal.

Adler (siehe auch Vogel)
*ägypt.:* Lebend = Gewinn, Erfolg, Nutzen; tot oder auf dem Kopf eines anderen sitzend = Tod, Unglück, Verlust, Gram.
*scienc. occ.:* Hoffnung auf Ehe oder Liebe.
*Psychoan.:* Sehr kühne Gedanken und mutige, unter Umständen tollkühne und dadurch gefährliche Unternehmungen.

Affe
*ägypt.:* Gut in Liebessachen.
*scienc. occ.:* Man kopiert dich, macht sich über dich lustig.
*Psychoan.:* In Europa = Entwicklung zum Vollmenschen stößt auf Schwierigkeiten. In Asien = mythologische Beziehungen zu den Göttern.

Aloe
*ägypt.:* Kummer und Betrübnis durch Freund oder Freundin.
*scienc. occ.:* Plötzliche, sehr unangenehme Überraschung.
*Psychoan.:* Aloe gilt als Elixier des langen Lebens. Oft im Sinne von Wurzeln, Kraftsuche usw.

Alter
*ägypt.:* Freude, Glück, Erfüllung von Wünschen.
*scienc. occ.:* Ehe, guter Ausklang einer Liebessache.
*Psychoan.:* Wichtig im echten Tiefentraum. Mahnung zur Besinnung; Warnung vor schlechten Neigungen, wenn die alten Leute bösartig sind. Oft Bezug auf wirklich böse oder bösartige alte Leute in der Umgebung.

Ameisen
*ägypt.:* Geheime Sorgen; A. vernichten = Erfolg in bezug auf Behebung der Sorgen haben.
*scienc. occ.:* Unmoralisches Verhalten einer nahestehenden Person.
*Psychoan.:* Stark beachten, da oft in Zusammenhang mit Störungen im vegetativen Nervensystem. Häufig aber hervorgerufen durch Einschlafen von Gliedern im Schlaf.

Ampel
*ägypt.:* Brennend = Kummer in Sicht.
*scienc. occ.:* Aufkeimende Liebe.

*Psychoan.:* Unklarheiten. Aber unter Umständen wie Feuer im Dachstuhl = Störungen im Gehirn, vor allem, wenn auf dem Kopf getragen.

Amputation

*ägypt.:* Gut, wenn bei anderen ausgeführt; Verlust, wenn bei dir.
*scienc. occ.:* Gefahr unmittelbar bevorstehend.
*Psychoan.:* Meist erotisch-sexuell wie Kastrationsträume. Mitunter auch – vor allem wenn von Frauen geträumt – Trennung von Liebesobjekt, von geliebter Person.

Angesicht

*ägypt.:* Häßlich = Sorgen; schön = Hoffnung; geschminkt = falsche Freude.
*scienc. occ.:* Du wirst getäuscht.
*Psychoan.:* Man muß versuchen, die Person zu finden, auf die das Gesicht im Traum symbolisch Bezug nimmt.

Apfel

*ägypt.:* Guter Apfel = gute Heirat; wurmstichiger Apfel = Scheidung, Trennung.
*scienc. occ.:* Geständnis.
*Psychoan.:* Liebeszeichen; gute Lebensbeziehungen in Sicht oder ins Auge gefaßt.

Apfelsine (siehe Orange)

Apotheke (Heilmittel)

*ägypt.:* Geldverlust, aber Heirat möglich.
*scienc. occ.:* Umgang mit ehrlichen Leuten.
*Psychoan.:* Siehe Arzt.

Arm (siehe Hand)

Arzt

*ägypt.:* Krankheit in Sicht; sprechen mit A. = Hoffnungen.
*scienc. occ.:* Man liebt dich.
*Psychoan.:* Bindung an den Vaterbegriff. Suche nach Ausweg, Rat, Hilfe.

Ast (siehe Zweig)

Auferstehung (aus Grab, von den Toten)
*ägypt.:* Befreiung von drohendem Unglück.
*Psychoan.:* Innere Wandlung des Menschen beginnt.

Aufhängen
*ägypt.:* Sehen = schlecht; gehängt werden = Glück, Ehre.
*scienc. occ.:* Gut; hängt man selbst jemand vom Galgen ab = später Unglück durch diese Person.
*Psychoan.:* (wie Schweben und Schwimmen). In einem Entwicklungsübergang begriffen.

Aufsteigen (siehe auch Berg, Leiter, Lift und Treppe)
*ägypt.:* Treppe = Verachtung; Berg = Erfolg.
*scienc. occ.:* Das Glück ist gemacht.
*Psychoan.:* Symbol der Erneuerung; Blick auf Kommendes.

Auge
*ägypt.:* Verlieren = Liebesleid; blau = gut; schwarz = böse.
*scienc. occ.:* Du brauchst Hilfe.
*Psychoan.:* Innerliche Unruhe, Beschäftigung mit sich selbst.

Ausländer (siehe Yankee)

Ausreißen (Zahn)
*ägypt.:* Todesfall, Geldverlust durch Gläubiger.
*scienc. occ.:* Todesfall.
*Psychoan.:* Energieverlust, Potenz, Impotenz. Schwächung durch Onanie.

Austern
*ägypt.:* Besonderes Ereignis in Sicht.
*scienc. occ.:* Leidenschaft für eine befreundete Person, die nichts davon ahnt.
*Psychoan.:* Erotisch zu verstehen. Schwierigkeiten in der Erringung eines Zieles, das oft sexueller Art ist.

Auto (Wagen)
*ägypt.:* Darin fahren = dem Glück entgegen; selbst lenken = Erfolg aus eigener Kraft.

*scienc. occ.:* Schneller Erfolg.
*Psychoan.:* Man kommt vorwärts und hat, wenn man selbst lenkt, die eigene Sache fest in der Hand.

Axt

*ägypt.:* Unglück; damit arbeiten = Erfolg durch eigene Arbeit, unter Umständen durch Rücksichtslosigkeit.
*scienc. occ.:* Unglück.
*Psychoan.:* Eigene oder fremde zerstörende Energien brechen durch und wirken sich aus.

Bäcker

*ägypt.:* Sorgen verschwinden.
*scienc. occ.:* Neue Freunde in Sicht.
*Psychoan.:* Rückerinnerung an Kindheit.

Bad

*ägypt.:* In Wanne = Krankheit; draußen = Gesundheit; in klarem Wasser = gut, in trübem = sehr schlecht.
*scienc. occ.:* Erfolge in Aussicht.
*Psychoan.:* Versuch, Altes und Schmutziges wegzuwaschen.

Bahnhof

*Psychoan.:* Neues Unternehmen, neuer Lebensabschnitt, fester, frischer Entschluß.

Balkon

*ägypt.:* Wiedersehen mit der Person, die man darauf sieht; Sturz von Balkon = Verlust.
*scienc. occ.:* Erfolg in der Liebe.
*Psychoan.:* Oft sexuell zu verstehen (Balkon = Brust).

Banane

*Psychoan.:* Bei Frauen rein sexuell.

Bandit

*ägypt.:* Mit Gefahr spielen.
*scienc. occ.:* Achtung vor Rivalen im Leben und in der Liebe.
*Psychoan.:* Meist im Alpdrücken, sonst oft sexuell.

Bank (Anstalt des Geldverkehrs)

*ägypt.:* Achtung vor Spekulationen.

*scienc. occ.:* Man erweist dir schlechte Dienste.
*Psychoan.:* Abrechnung mit Vergangenem, oft wie bei Bahnhof.

Bär

*ägypt.:* Lebend = Klatschereien; tot = gute Bedeutung.
*scienc. occ.:* Brutalität.
*Psychoan.:* Unklarheiten über Mitmenschen in innerer Beziehung.

Bart

*ägypt.:* Wachsen lassen = gut; verlieren = Verlust von Kraft und Männlichkeit. Frauen mit Bart = Achtung!
*scienc. occ.:* Mißtrauen am Platz. Frauen mit Bart = du planst Ungeheuerliches!
*Psychoan.:* Vateridee; (bei Frauen) sich bei Mann mit Bart geborgen fühlen.

Bau (siehe auch Abbruch)

*ägypt.:* Aufbau sehen = gut; Einsturz = sehr schlecht.
*scienc. occ.:* Wertvoller Gegenstand wird verlegt.
*Psychoan.:* Aufbau auch im Leben, Planen ist erfolgreich.

Bauch

*ägypt.:* Achtung mit Ernährung.
*Psychoan.:* Fast immer sexuell.

Bauer

*ägypt.:* Jung und schön = gut; alt = schlecht.
*scienc. occ.:* Bald in guter Gesellschaft.
*Psychoan.:* Sehnsucht nach Natur und einfachem Leben.

Baum

*ägypt.:* Mit Früchten = gut; eigener Baum = langes Leben; gefällter Baum = Krankheit.
*scienc. occ.:* Darunter spazieren = Einsamkeit; fällen = heiße Liebe.
*Psychoan.:* Besserung des eigenen Zustandes, Heilung, wenn Baum gesund und blühend. Meist Potenzsymbol.

Begräbnis (siehe auch Friedhof und Grab)

*ägypt.:* Gute Freunde im Sarg = Ärger; selbst = langes Leben; fremde Person = Erbschaft.

*scienc. occ.:* Langes Leben.
*Psychoan.:* Seelisch ist etwas vorübergehend oder dauernd abgestorben.

Beil (siehe Axt)

Bein

*ägypt.:* Krank = Verlust; gesund = Erfolg, Freude.
*scienc. occ.:* Unmoralität, schlechte Sitten.
*Psychoan.:* Sexuell (wie alle Gliedmaßen).

Beischlaf

*ägypt.:* Wenn mit einer Geliebten = gut; wenn mit Gattin = sehr schlecht.
*Psychoan.:* Rein sexuell; in späterem Alter Pläne für Neuschöpfungen.

Berg

*ägypt.:* Überwinden = gut; Schwanken des B. = sehr schlecht; Feuer aus B. = große Gefahr.
*scienc. occ.:* Von ferne sehen = Mißverständnisse.
*Psychoan.:* Schwierigkeiten sind zu überwinden.

Besen

*ägypt.:* Vorsicht im Umgang mit bösen Menschen.
*scienc. occ.:* Gefahr, verflucht zu werden.
*Psychoan.:* Meist rein sexuell als Instrument.

Betrunken (siehe auch Karussell)

*ägypt.:* Leichter Erfolg.
*scienc. occ.:* Glück, gute Neuigkeiten, aber auch Krankheit.
*Psychoan.:* Oft Warntraum bei Ohr- oder Hirnstörungen, falls nicht einmalige Reaktion auf von außen kommende Störung.

Bett

*ägypt.:* Sauber = gut; schmutzig = sehr schlimm.
*scienc. occ.:* Schamlosigkeiten.
*Psychoan.:* Sexuell; unter Umständen Ruhebedürfnis.

Biene

*ägypt.:* Gewinn, Erfolg.
*Psychoan.:* Biene ist als Symbol gut, Wespe schlecht.

Bild (siehe Ebenbild und Fotografie)

Birne

*ägypt.:* Dasselbe wie Apfel.
*scienc. occ.:* Vorsicht je nach Befund der Frucht.
*Psychoan.:* Dasselbe wie Apfel, aber noch stärker sexuell.

Blitz

*ägypt.:* Immer gutes Zeichen.
*Psychoan.:* Ganz plötzliche Klarheit über Zustände und Ereignisse. Vor allem gut bei wohlhabenden Personen.

Blumen (siehe auch Rose und Veilchen)

*ägypt.:* Gut, wenn Blumen gesund und frisch; Strauß = Liebe; Blumen pflücken = Glück zerstören.
*Psychoan.:* Vielfältige Bedeutung, oft sexuell; kommt auf die Blume an.

Blut

*ägypt.:* Sehen = gut; vergießen = Verdruß.
*scienc. occ.:* Sehen = Liebe; vergießen = Fehlschlag.
*Psychoan.:* Sehr unterschiedlich, oft sexuell.

Bohnen

*ägypt.:* Zank, Prozesse, scharfe Auseinandersetzungen.
*scienc. occ.:* Hilfe durch Freunde, wenn Freundschaft gut gepflegt.
*Psychoan.:* Sexualsymbol, keimend und schießend gesehen für Frauen beachtenswert. Bei jungen Männern und Greisen in Beziehung zum Skrotum zu bringen.

Bombe

*scienc. occ.:* Liebesnacht in Sicht.
*Psychoan.:* Gefahren, Vernichtungstraum.

Boot (siehe Schiff und Jacht)

Bordell

*ägypt.:* Warnung vor Fehltritten.
*Psychoan.:* Wunschtraum; bei Mann Veränderung im Liebesleben; bei Frau dasselbe wie Geld = Eigenbewertung und Bewertung der Liebeskraft des Partners.

Brand (siehe auch Abbrennen und Feuer)
*ägypt.:* Glück im Haus, Ruhe im Alter.
*scienc. occ.:* Schmerzen, Achtung auf Beine.
*Psychoan.:* Unsicherheit, Hilfsbedürftigkeit, Unklarheit gegenüber Umwelt.

Brillant (siehe Diamant)

Brille (siehe Auge)

Brot

*ägypt.:* Frisch und gut = Glück, Gäste; alt = unangenehme fremde Gäste.
*scienc. occ.:* Sehr gut in bezug auf Umgebung.
*Psychoan.:* Je nachdem Nottraum, Wunschtraum, Sexualtraum.

Brücke

*ägypt.:* Rät zu Vorsicht. Mehrere B. sehen = Verdruß.
*scienc. occ.:* Man trifft geliebte Person.
*Psychoan.:* Sehr günstig für die Zukunft, wenn Brücke ganz.

Bruder

*ägypt.:* Mit Schwester zusammen = langes Leben.
*scienc. occ.:* Schlechte Leidenschaften.
*Psychoan.:* Besinnungstraum auf sich selbst.

Brunnen

*ägypt.:* Klares Wasser darin sehen = sehr gut.
*scienc. occ.:* Voll Wasser = schlecht; trocken = Kind im nächsten Jahr.
*Psychoan.:* Schlecht, wenn ohne Wasser; gut, wenn voll.

Brust

*ägypt.:* Schöne Frauenbrust sehen = gut; welke B. = Verlust.
*scienc. occ.:* Zwei Brüste = mäßig; eine B. = gut; trinkendes Kind an Brust = schlecht; sehen, wie jemand Brust streichelt = Fehlschlag in Liebesaffäre.
*Psychoan.:* Rein sexuell.

Buch

*ägypt.:* Trost, Freude.

*Psychoan.:* Titel beachten. Bedeutet unter Umständen Buch des Lebens.

Buckliger

*ägypt.:* Vorteile für dich.
*scienc. occ.:* Reise nach Afrika.
*Psychoan.:* Sexuell, wenn von Frauen geträumt.

Bürsten

*ägypt.:* Verleumdungen, Streit.
*scienc. occ.:* Unsauberkeit.
*Psychoan.:* Unruhe; sehr oft sexuell.

Butter

*ägypt.:* Essen = Zwist.
*scienc. occ.:* Hindernisse.
*Psychoan.:* Nahrungssorgen; Butterfaß usw. = sexuell.

Champagner (moussierender Wein)

*ägypt.:* Kurzes Glück.
*scienc. occ.:* Froher Rausch.
*Psychoan.:* Fraglich, oft sexuell; Ausbruch aus Disziplin.

Chinese

*ägypt.:* Gesundheit, Reisepläne.
*scienc. occ.:* Durch Fleiß zum Ziel.
*Psychoan.:* Sehr unterschiedlich; oft Furcht vor Verschlagenheit oder Enthüllungen eigener Verschlagenheit.

Clown

*ägypt.:* Auszeichnung zu erwarten.
*Psychoan.:* Ungewißheit, Furcht vor Spott und Gefühl eigener Minderwertigkeit.

Coiffeur (Haarkünstler)

*ägypt.:* Einladung in Sicht.
*scienc. occ.:* Magenschmerzen.
*Psychoan.:* Kleine innere Reform im Gange, besonders wenn von Frauen geträumt.

Coupons (Wertpapiere)

*ägypt.:* Rasch zu Geld kommen.

*scienc. occ.:* Elend, Ärger, Verlust.
*Psychoan.:* Entlohnungsproblem, vor allem bei Frauen.

Dach (siehe auch Estrich)

*ägypt.:* Darauf stehen = Ehrung; hinaufklettern = Gefahren; D. stürzt ein = schlechte Nachrichten.
*Psychoan.:* Unerlaubte Phantasien; Dachbrand gefährlich = oft Gehirnentzündungen.

Dämmerung

*scienc. occ.:* Schlechte Nachricht.
*Psychoan.:* Wenn Morgendämmerung = gut; neue Welt wird vorbereitet.

Datteln

*ägypt.:* Essen = von Frau geliebt werden.
*scienc. occ.:* Du ißt zuviel.
*Psychoan.:* Weiblich sexuell.

Degen

*ägypt.:* Gestochen werden = Lebensgefahr; rostig = Ehre gefährdet.
*scienc. occ.:* Allgemeine Gefahr.
*Psychoan.:* Männlich sexuell.

Denkmal

*ägypt.:* Freude über Fortschritt; Erfolge.
*scienc. occ.:* Brand nahe bei deinem Haus.
*Psychoan.:* Abschluß einer Arbeit, eines Planes; oft übersteigerte Hoffnungen auf Verwirklichung eigener Pläne.

Deuten mit Finger

*ägypt.:* Ärger bekommen.
*scienc. occ.:* Angst vor etwas Kommendem, Angst vor einem bevorstehenden Ereignis unangenehmer Art.
*Psychoan.:* Schuldbewußtsein, oft Verfolgungsmanie.

Diamant

*ägypt.:* Gute Zukunft.
*scienc. occ.:* Liebe führt zu nichts.
*Psychoan.:* Sehr oft Minderwertigkeitsgefühle, Bluff. Eigene Überwertung.

Diebstahl

*ägypt.:* Liebesabenteuer; Verlust durch D. = baldige Trauer.
*scienc. occ.:* Großer Gewinn, wenn geschickt im Geschäft.
*Psychoan.:* Annäherung erwünscht (bei Frauen) oder geplant (bei Männern). Oft betrifft der Traum verbotene Genüsse bei diesen Annäherungen.

Dirne

*ägypt.:* In schlechte Gesellschaft geraten.
*scienc. occ.:* Böse Bekanntschaft.
*Psychoan.:* Traumüberwindung der Monogamie. Mitunter auch sexueller Wunschtraum.

Dorf

*ägypt.:* Ein einziges sehen = gut; viele sehen = sehr schlecht.
*Psychoan.:* Wunsch nach Rückkehr zur Natur.

Dornen

*ägypt.:* Liebeskrank werden.
*scienc. occ.:* Angenehmes Zusammentreffen.
*Psychoan.:* Weiblich sexuell; Angst vor Gefahren durch Geschlechtsverkehr.

Drache

*ägypt.:* Verfolgung.
*scienc. occ.:* Reise.
*Psychoan.:* Kaltblütige Vitalität; man setzt sich über alles hinweg, um zum Erfolg zu gelangen.

Dreieck

*ägypt.:* Perversion.
*scienc. occ.:* Kabbalistisches Zeichen. Gut.
*Psychoan.:* Ursymbol, teils sexuell (weiblich), teils magisch.

Durst

*ägypt.:* D. haben = falsche Freunde kennenlernen. Auch nach dem Trinken D. behalten = vergebliche Hoffnung.
*scienc. occ.:* Man greift dich in deiner Ehre an.
*Psychoan.:* Rein körperliche Reaktion.

Dynamit (Sprengung, Zertrümmerung)
*ägypt.:* Sehr geachtet werden.
*scienc. occ.:* Warum hast du soviel getrunken?
*Psychoan.:* Neue Planung, Lebensprojekte, plötzliche Hoffnungen.

Ebenbild

*ägypt.:* Unglück.
*scienc. occ.:* Uneingestandene Liebe zu jemandem.
*Psychoan.:* Wie Spiegel und Photographie = auf der Suche nach einem klaren Bild von sich oder von anderen.

Ebene (siehe Platz)

Eber

*ägypt.:* Sehr guter Erfolg.
*scienc. occ.:* Einsamkeit mit bösen Rückwirkungen.
*Psychoan.:* Wie Stier = Sexualpläne und Sexualhoffnungen.

Echo

*ägypt.:* Baldiger Besuch.
*scienc. occ.:* Klagen von allen Seiten.
*Psychoan.:* Meist einfacher Geräuschtraum, sonst Warnung.

Ehe, Eheschließung, Ehebruch

*ägypt.:* Krankheit; Ehebruch = Feuersgefahr.
*scienc. occ.:* Mangelnde Befriedigung eigener Zuneigung.
*Psychoan.:* Sexuell; Wunschtraum; Auseinandersetzung mit zu schließender oder bestehender Ehe.

Ei

*ägypt.:* Sehen = gute Geschäfte; fallen lassen = Verluste.
*scienc. occ.:* Kind kann erwartet werden; vorhandenes Kind in guter Verfassung.
*Psychoan.:* Positive Erfolgsplanung.

Einbrecher

*ägypt.:* Überraschung nicht immer schöner Art.
*scienc. occ.:* Kleines, kurzfristiges Unglück.
*Psychoan.:* Sexuelles Triebbegehren bricht durch.

Eis

*ägypt.:* Geschäftliche Hindernisse.
*scienc. occ.:* Leidenschaften.
*Psychoan.:* Ausgesprochener Gefahrentraum.

Eisen

*ägypt.:* Schmieden = günstige Gelegenheiten bieten sich. Gitter aus Eisen = große Hindernisse.
*scienc. occ.:* Todesgefahr.
*Psychoan.:* Stärke; Widerstandswillen; unter Umständen aber auch Widerstand gegen eigene Pläne.

Eisenbahn (Verkehrsmittel)

*ägypt.:* Sehen = Besuch kommt; fahren = ans Ziel kommen.
*scienc. occ.:* Pläne scheinen erfolgreich zu enden.
*Psychoan.:* Neue, klare Planung im Gange; Zug verpassen = Chance verpassen, sehr ungünstig.

Elefant (siehe auch Rüssel)

*ägypt.:* Große Arbeit bevorstehend.
*scienc. occ.:* Schwangerschaft.
*Psychoan.:* Frauentraum in bezug auf männliche Stärke.

Elektrizität (Energie, Hochspannung)

*scienc. occ.:* Herzleiden möglich; Herzschmerzen vorhanden.
*Psychoan.:* Warnung; tödliche (seelische) Gefahr, wenn unvorsichtig.

Engel

*ägypt.:* Glück überall und in allem.
*scienc. occ.:* Nützliches Zusammentreffen.
*Psychoan.:* Ausweg aus momentaner Schwierigkeit wird gesucht.

Ente

*ägypt.:* Wichtige Besprechungen.
*scienc. occ.:* Schwächezustände.
*Psychoan.:* Hoffnungen.

Enthauptung

*ägypt.:* Schlechte Nachrichten.
*scienc. occ.:* Langdauernde Traurigkeit; unter Umständen oft Nasenbluten.

*Psychoan.:* Revision der bisherigen Lebenseinstellung zu bestimmten Vorgängen.

Erdbeben

*ägypt.:* Mahnung, standhaft zu sein.
*scienc. occ.:* Freude in Sicht.
*Psychoan.:* Naturtraum, Ursymbol; oft Warnung.

Erdbeeren

*ägypt.:* Für Freundschaften gut.
*scienc. occ.:* Schlechtes Zusammentreffen.
*Psychoan.:* Süße Erwartung mit sexueller Färbung.

Erdkugel (und verwandte Begriffe)

*ägypt.:* Große Reise, oft auch Begräbnis.
*scienc. occ.:* Ortsveränderung, oft auch Wechsel des Erdteils.
*Psychoan.:* Weitgehende Planung. Wenn in strahlend schönem Weltenraum schwebend = oft zur Vorsicht mahnend, in bezug auf Gehirn oder allgemeine Gesundheit.

Essen

*ägypt.:* Keine Not.
*scienc. occ.:* Nottraum.
*Psychoan.:* Entweder Nottraum oder Ersatz für Abneigung gegen Essen im Wachen.

Essig

*ägypt.:* Schwere Enttäuschung.
*scienc. occ.:* Ernüchterung nach Liebesrausch.
*Psychoan.:* Etwas wird wirklich »zu Essig«, realisiert sich nicht, wie man vorausahnend wittert. Ein gewisser Gegensatz zu Wein = Lust, Zufriedenheit, Genuß.

Estrich

*ägypt.:* Kostspielige Pläne.
*scienc. occ.:* Du willst hoch hinaus.
*Psychoan.:* Kopfnerven beobachten, wenn Estrich brennt; sonst Pläne sorgsam prüfen.

Fabrik (Werkstatt)

*ägypt.:* Glück und Segen.

*scienc. occ.:* Enttäuschung.
*Psychoan.:* Neue Pläne, Unruhe; Fabrikschlot = sexuell.

Fächer

*ägypt.:* Ehrung möglich.
*scienc. occ.:* Fröhliche Ereignisse bevorstehend.
*Psychoan.:* Wahre Absichten werden verdeckt oder verkleidet. Koketterie mit wirklichen Wünschen und Plänen.

Fackel

*ägypt.:* Man erfährt ein Geheimnis.
*Psychoan.:* Änderung im Wesen ist wahrscheinlich.

Faden

*ägypt.:* Verbindung mit vielen Leuten.
*Psychoan.:* Oft Zeichen für Nervenreizungen, wenn Faden sehr lang.

Fahne

*ägypt.:* Glück, Ehre, gute Zeiten in Sicht.
*scienc. occ.:* Große Versprechungen, die gehalten werden.
*Psychoan.:* Lebenspläne, Schöpfungen, Polarität. Fahnenstange usw. unter Umständen sexuell.

Fahrkarte (siehe Reise)

Falle

*ägypt.:* Intrigen werden entdeckt.
*scienc. occ.:* Man stößt auf bösartige Menschen.
*Psychoan.:* Fast immer Warntraum, der zu beachten ist.

Farben

*ägypt.:* Fast immer Falschheit.
*scienc. occ.:* Blau = Reinheit; gelb = Verführung; rot = das Blut spricht; schwarz = kurze, aber erschöpfende Leidenschaft; weiß = unvorteilhaft; grün = Hoffnung.
*Psychoan.:* Blau = Angleichung, Anpassung, Milde; gelb = Intuition; rot = Laster, Wut, Teufel, sexuell; schwarz = Nacht, beunruhigend; weiß = kalt, unfertig, Jungfrau; grün = erwachend, unentschieden.

Faß (großer Krug)

*ägypt.:* Leer = Mangel; voll = Gewinn; leck = Verlust.

*scienc. occ.:* Magenschmerzen, Leibweh.
*Psychoan.:* Wenn nicht gesundheitliche Störung als Ursache, sexuell, als Ursymbol zu verstehen.

Faulheit

*ägypt.:* Todesfall in Sicht.
*scienc. occ.:* Schwere Arbeit kommt.
*Psychoan.:* Meist Nervenreaktion auf Übermüdung; als gesundheitliche Warnung zu beachten.

Fee

*ägypt.:* Gut. Mit ihr sprechen = baldige Heirat.
*scienc. occ.:* Liebe zu Person in weiter Ferne.
*Psychoan.:* Oft sexuell, Gegensatz zu Hexe; Ursymbol.

Fehlgeburt

*ägypt.:* Warnung vor Fehlschlag im Leben.
*scienc. occ.:* Kind wird ohne Schwierigkeiten geboren.
*Psychoan.:* Wenn nicht direkte Warnung, Anzeichen für Unsicherheit bei Plänen und Annahme eines Fehlschlags. Kind = neues Unternehmen, neue Tat.

Feigen

*ägypt.:* Frisch = gut; vertrocknet = sehr schlecht.
*scienc. occ.:* Man macht sich über dich lustig.
*Psychoan.:* Rein sexuelles Symbol, Ursymbol. Oft bei jungen Leuten in Zusammenhang mit neuem Abenteuer.

Felsen

*ägypt.:* Redlichkeit, Ernsthaftigkeit.
*Psychoan.:* Wie Berg Ursymbol.

Fenster

*ägypt.:* Geschlossen = Einladung oder Besuch kommt nicht; hinausschauen = Enttäuschung; hinausfallen = erwartete Hilfe versagt.
*scienc. occ.:* Vorsicht vor nächtlichen Ereignissen.
*Psychoan.:* Im Zusammenhang mit Haus zu prüfen. Unter Umständen wie Tür = Sexualorgane (Nebenorgane).

Fesseln

*ägypt.:* Durch trügerische Liebe in Bann gehalten.

*scienc. occ.:* Freiheit gewiß.
*Psychoan.:* Nervenreaktion auf Spannung, oft zusammen mit Alpdruck.

Festung

*ägypt.:* Böses Ereignis.
*scienc. occ.:* Man wehrt sich gegen Liebe.
*Psychoan.:* Angst vor Angriffen und Hindernissen, je nachdem ob in oder außerhalb der Festung. Wichtig, wenn von jungen Frauen geträumt.

Feuer (siehe auch Abbrennen und Ampel)

*ägypt.:* Ruhig brennend = immer gut; qualmend = böses Zeichen, Strafe steht bevor.
*scienc. occ.:* Feuer anzünden = Schwangerschaft; auslöschen = Hoffnung zerrinnt; Großfeuer entkommen = heiße Liebe, aber erschöpfend; wenn Papier brennt = Gehirnentzündung möglich, oft nur Stirnhöhlenkatarrh.
*Psychoan.:* Eines der wichtigsten Symbole! Je nach Situation: zerstörend, anregend, wärmend, insofern gut oder beunruhigend. Hausbrände immer stark beachten, da Haus als Person zu betrachten ist. Oft Warntraum, oft Liquidierung vergangener Dinge.

Fieber

*ägypt.:* Baldige Gesundung gewiß.
*scienc. occ.:* Gesundheit.
*Psychoan.:* Warntraum; oft einfache Störung des Kreislaufs.

Finger

*ägypt.:* Für alte Leute gut; für junge Leute schlecht.
*scienc. occ.:* Unsaubere Wünsche und Gedanken.
*Psychoan.:* Einfacher sexueller Traum.

Fingernägel (siehe Nägel)

Fisch

*ägypt.:* Groß = Gewinn; klein = Traurigkeit.
*scienc. occ.:* Galantes Abenteuer.
*Psychoan.:* Sehr altes Symbol. Hoffnung und Aufschwung; tote Fische = im Zusammenhang mit oft uneingestandener Enttäuschung.

Flasche (Krug, Gefäß)

*ägypt.:* Voll = gut; leer = schlecht; zerbrochen = Trauer.

*scienc. occ.:* Zerstreuung.
*Psychoan.:* Geschlechtlich zu verstehen, oft wie Gefängnis (siehe dort).

Fleisch

*ägypt.:* Sehen = Streit; essen = gut.
*scienc. occ.:* Sehnsucht nach Tafelfreuden.
*Psychoan.:* Wenn nicht direkter Nottraum, rein »fleischlich«-sexuell.

Fliege

*ägypt.:* gut; aber zur Vorsicht mahnend.
*scienc. occ.:* Zweifelhafter Gewinn.
*Psychoan.:* Sehr oft Nervenreizungen (siehe Insekten).

Floh

*ägypt.:* Großer Ärger.
*scienc. occ.:* Glück in der Liebe.
*Psychoan.:* Oft im Sinne von unangenehmen Gedanken, die reizen, aber dennoch abgelehnt werden; häufig direkte Nervenreizungen.

Flugzeug (Fliegendes Ding, aber kein Vogel)

*ägypt.:* Gefahrvolle Sache mit gutem Ausgang.
*Psychoan.:* Sehr wichtig als neues Symbol im alten Ikarus-Sinn. Loslösung von störenden Belastungen. Mitunter Entspannungen im Organismus.

Fluß

*ägypt.:* Hell = sicheres Geschäft; trüb = sehr schlecht.
*scienc. occ.:* Achtung, Feuer droht.
*Psychoan.:* Zaudern an wichtigem Punkt auf dem Lebensweg. Fluß wird unter Umständen als Hindernis empfunden. Eine Brücke (siehe dort) zeigt die mögliche Überwindung, wenn man den Fluß nicht durchwatet oder durchschwimmt.

Frau

*ägypt.:* Schöne, reiche F. = Zank; Niederkunft der F. = Freude; Frau und Kind = Sorge; Frau und Mann = rein sexuell; F. mit langem Haar = Erfolg mit Reichtum.
*scienc. occ.:* Bekleidet = Wunsch; nackt = Leidenschaft; reich = Verlust; verletzt = man verehrt dich; in Sexualposition =

verlorene Liebe; lachend = Verzweiflung; kalt und abweisend = innerlich verliebt.
*Psychoan.:* Wenn unbekannt = Wünsche und Erwartungen; alte F. = Ursymbol; oft Rückerinnerungen, idealisierte Muttererinnerungen. – Bedarf immer besonderer Behandlung.

Freunde

*ägypt.:* Geheimnisse werden preisgegeben.
*scienc. occ.:* Am Tag sehen = ungünstig; abends sehen = gut.
*Psychoan.:* Freunde bedeuten die eigene Person, oft im Sinne von Bruder, Doppelgänger usw.

Friedhof (siehe auch Begräbnis und Grab)

*ägypt.:* Verlust guter Menschen.
*scienc. occ.:* Die Geister der Ahnen schützen dich.
*Psychoan.:* Unruhe wegen neuer Probleme, besonders wenn plötzlich vor Entscheidung gestellt.

Friseur (siehe Coiffeur)

Frösche (siehe auch Quaken)

*ägypt.:* Gutes Wetter, großer Gewinn.
*scienc. occ.:* Zarte neue Freundschaft.
*Psychoan.:* Sehr viele neue Möglichkeiten, Verbesserung der eigenen Stellung durch Zufall oder Zähigkeit.

Früchte (siehe Gemüse, Obst und die einzelnen Stichwörter)

Frühling

*ägypt.:* Gute Zukunft zu erwarten.
*scienc. occ.:* Neue Hoffnungen.
*Psychoan.:* In den meisten Fällen reiner Potenztraum; kommt bei jungen Menschen und bei Menschen in der »zweiten Jugend« vor.

Furcht

*ägypt.:* Man überwindet seine Feinde durch Mut.
*scienc. occ.:* Vor der Welt fürchtest du nichts.
*Psychoan.:* Alpdruck durch Kreislauf- und Herzstörungen.

Fuß

*ägypt.:* Groß = Hausbesitz; krank = Hemmungen; schmutzig = Feindschaft; F. brechen = unerwünschter Aufschub.

*scienc. occ.:* Intelligenz hilft weiter.
*Psychoan.:* Sofern nicht sexuell (was oft der Fall ist), Planung für weiteren Lebensweg, wenn der Fuß fortschreitende Bewegungen ausführt.

Gabel

*ägypt.:* Fallen lassen = Zwist.
*scienc. occ.:* Vorsicht vor Verletzungen.
*Psychoan.:* Zersplitterung in persönlicher Hinsicht. Oft auch Zersplitterung in sexueller Beziehung.

Garten

*ägypt.:* Viele Freuden. Immer gutes Zeichen.
*scienc. occ.:* Landleben reizt.
*Psychoan.:* Entspricht dem Innenleben; geordnet oder verwildert, je nachdem wie der Traum zeigt.

Geburt

*ägypt.:* Familienangelegenheiten kommen in Fluß; Geburtswehen = Kummer wahrscheinlich.
*scienc. occ.:* Schaden durch junge Person.
*Psychoan.:* Von Frau geträumt = neue Einstellung zum Leben; von Mann geträumt = große Pläne nähern sich der Vollendung.

Gedärme

*ägypt.:* Erbschaft.
*scienc. occ.:* Fröhlichkeit in Kürze.
*Psychoan.:* Meist Reaktionen auf direkte Eingeweidestörungen. Sonst wird der Träumende stark von inneren Problemen beunruhigt.

Gefängnis (siehe auch Zuchthaus)

*ägypt.:* Die Position festigt sich.
*scienc. occ.:* Liebe von Person in Sicht, von der keine Beachtung erwartet oder erwünscht wird.
*Psychoan.:* Gebunden an Umstände, Dinge und Menschen, von denen man frei sein sollte.

Geige (und ähnliche Musikinstrumente)

*ägypt.:* Hören = die Auffassungsgabe bessert sich.
*scienc. occ.:* Fröhlichkeit ohne Grund.

*Psychoan.:* Reiner Sexualtraum, Potenzsymbol, Umdeutung sexueller Bewegungen.

Gelbsucht

*ägypt.:* Glück in Unternehmungen.
*scienc. occ.:* Man macht sich über den Gelbsüchtigen lustig.
*Psychoan.:* Gesundheitliche Warnung.
Geld (siehe auch Münze)
*ägypt.:* Finden = gut; gewinnen = beunruhigend; zählen = guten Verdienst haben.
*scienc. occ.:* Berühren = gut; sehen = Täuschung; erwarten = Verliebtheit; leihen = man gewinnt einen Freund; häufen = man macht einen Gewinn, mit dem man nicht gerechnet hat.
*Psychoan.:* Beim Mann Symbol für Leistungsfähigkeit in der Liebe und im Leben. Bei der Frau fast immer erotische Spekulation.

Gemälde (siehe Ebenbild)

Gemüse (und Früchte)

*ägypt.:* Gesundheit; pflanzen = Herzensfreuden.
*Psychoan.:* Spargel, Möhren, Maiskolben, Gurken, Pflaumen, Birnen = erotisch-sexuelle Symbole in Frauenträumen; Äpfel, Pfirsiche, Tomaten: männliche Traumsymbole.

General

*ägypt.:* Bekanntschaft mit hochstehender Person.
*scienc. occ.:* Ehren durch die Ehe.
*Psychoan.:* Betrifft meist innere »Befehlsfragen«, unter Umständen auch Konflikte in der Ehe (Wer befiehlt wem?).

Gericht (siehe Urteil)

Geschäft (siehe Laden)

Geschenk

*ägypt.:* Machen = Gewinn; erhalten = ungünstig.
*Psychoan.:* Von wem? Abschätzung und Abtastung der Beziehungen zu anderen.

Geschlechtsteile

*ägypt.:* Unreine Gedanken im Übermaß.

*scienc. occ.:* Sehen = im Banne sexueller Wünsche; berühren = Verachtung des anderen; vertauschen = Perversion in hohem Grade.
*Psychoan.:* Entlastungsträume, Entspannung; ferner Auslösung von Verdrängungen, unterdrückten Wünschen usw.

Gesicht (siehe Angesicht)

Gespenst

*ägypt.:* Unangenehme Nachrichten erfahren. Mit Gespenst sprechen = man will guten Eindruck erregen.
*scienc. occ.:* Eine Beziehung wird überschätzt; sie ist in Wirklichkeit nur sehr mittelmäßig.
*Psychoan.:* Störung der natürlichen inneren Ordnung; innere Stimme versucht zu intervenieren.

Globus (siehe Erdkugel)

Gold

*ägypt.:* Große Ziele; Streben, sehr hoch emporzukommen.
*scienc. occ.:* Gewinn, Erfolg.
*Psychoan.:* Fast immer im gleichen Sinne wie Geld (siehe dort).

Gott

*ägypt.:* Sehr gut.
*scienc. occ.:* Erfolg; Ruhm auf allen wünschbaren Gebieten.
*Psychoan.:* Immer sehr wichtig; Ausgleich innerer Spannungen und Depressionen.

Grab (siehe auch Begräbnis und Friedhof)

*ägypt.:* Verschwiegenheit; frisches leeres G. = Tod eines nahen Bekannten oder Verwandten; selbst darin liegen = Gesundheit ist schwer bedroht.
*scienc. occ.:* Genesung in Sicht.
*Psychoan.:* Lebenskonflikte, die noch nicht gelöst sind; Tasten nach Auswegen; Unsicherheit, Ratlosigkeit.

Gurken

*ägypt.:* Widerwärtiges, Ungünstiges.
*scienc. occ.:* Unachtsamkeit, Gefahr durch Leichtsinn.
*Psychoan.:* Typisches Symbol in Frauenträumen, fast ausschließlich rein sexuell (siehe Gemüse).

Gürtel

*ägypt.:* Finden = Vertrauen gewinnen; verlieren = Vertrauen einbüßen.
*scienc. occ.:* Du verlierst die Unschuld; du begehst Fehltritte sexueller Art.
*Psychoan.:* Machtattribut; erotisches Symbol in Männer- und Frauenträumen.

Haar

*ägypt.:* Siehe Farben. Grau und rot = immer schlecht; langes weißes Haar, gut gekämmt = gut; verwirrt = Ehrenkränkung.
*scienc. occ.:* Verlieren = Verlust wertvoller Sache; falsche Haare = Illusionen; behaarte, aber unbekannte Person = neue Liebesaffäre; schwarze Haare = heißer Wunsch sucht sofortige Erfüllung; blonde Haare = Kälte; mit wechselnden Farben = Verluste, die du zugunsten deiner Liebe auf dich nimmst.
*Psychoan.:* Symbol der Verbundenheit mit dem animalischen Leben; starkes erotisches Symbol, aber in übertragenem Sinne.

Hahn

*ägypt.:* Mit einer Frau zusammen = großer Liebeserfolg.
*Psychoan.:* Symbol für Mann und männliche Absichten.

Hals

*ägypt.:* Verletzungen, abschneiden und dergleichen = Gefährdung der Existenz.
*scienc. occ.:* Schwere Strafe droht.
*Psychoan.:* Falls in Warnträumen sichtbar oder im Mittelpunkt: Hals von besonderer (gesundheitlicher) Empfindlichkeit.

Halskette

*ägypt.:* Glückliche Liebe.
*scienc. occ.:* Heiße Leidenschaft, Hörigkeit.
*Psychoan.:* Verkleidete, innere Bindung persönlicher und bei Frauen meist erotischer Art. Zerreißen = entsprechende Bedeutung.

Hand

*ägypt.:* Die Wahrheit sagen.
*scienc. occ.:* Immer schlecht, außer Negerhand, die heiße Liebe ankündigt.

*Psychoan.:* Linke Hand weiblich, rechte Hand männlich; Kraft und Geschicklichkeitssymbol.

Hase

*ägypt.:* Laufen sehen = plötzlicher Schreck; essen = Wohlstand, Erfolg.
*scienc. occ.:* Gefahr, getäuscht zu werden.
*Psychoan.:* Fruchtbarkeitssymbol, uraltes Zeichen.

Haus (siehe auch die einzelnen Teile)

*ägypt.:* Mit vielen Stockwerken = großer Gewinn in Sicht.
*scienc. occ.* Auf wertvolle Gegenstände achtgeben; Verlust wahrscheinlich.
*Psychoan.:* Haus = Körper; das Dach ist der Kopf, das Gehirn; die Türen sind die Geschlechtsteile; die Fenster die Nebenorgane geschlechtlicher Art. Die Keller sind die Füße oder auch die »unteren« Organe. Der Balkon ist zum Beispiel bei der Frau die Brust. – Das Haus als Ganzes ist also Symbol für den Menschen selbst und seinen inneren oder äußeren Zustand.

Hemd

*ägypt.:* Wechseln = Liebhaber wechseln; im Hemd herumlaufen = glückliche Liebe, aber etwas zu offen; schmutziges Hemd = große Schande.
*scienc. occ.:* Schamlosigkeiten, Zügellosigkeiten.
*Psychoan.:* Erotisch unruhig und offensiv; aber auch Angst (oder Wunsch), bloßgestellt zu werden.

Hengst (siehe auch Pferd)

*ägypt.:* Falsche Freude im Haus, also nachfolgende Enttäuschung.
*scienc. occ.:* Böse Leidenschaften, die Ärger bringen.
*Psychoan.:* Für Frauen reines Sexualsymbol; Suche nach kraftvollem Leben. Männer auf Hengsten hoffen auf Erfüllung ihrer Wünsche.

Herbst

*ägypt.:* Nachlassen der Liebe.
*Psychoan.:* Reiner meist negativer Potenztraum des Mannes.

Herz

*ägypt.:* Zuneigung; bluten lassen = Untreue.
*scienc. occ.:* Krank = schlecht angebrachte Zuneigung; essen = baldige Erklärung; berühren = Tränen.

*Psychoan.:* Zustand des Herzens im Traum zeigt das Befinden und den Zustand des Menschen im Innersten. Herzleiden = innere Qualen und Unruhen. Außerdem Warntraum gesundheitlicher Art.

Hexe (siehe Fee)

Himmel
*ägypt.:* Freude, Vergnügen auf lange Sicht.
*Psychoan.:* Trostausgleich für Unsicherheit im Leben.

Hinrichtung (siehe Aufhängen und Enthauptung)

Hintern
*ägypt.:* Den eigenen sehen = Ärger; eines Mannes = große Schwierigkeiten; einer Frau = große Neuigkeiten; eines Kindes = alles sehr gut.
*scienc. occ.:* Starke Minderwertigkeitsgefühle.
*Psychoan.:* Analerotik mit rein sexuell-erotischen Ausschlägen und infantilen Rückerinnerungen.

Hirsch
*ägypt.:* Gute Möglichkeiten.
*scienc. occ.:* Ein Gatte wird getäuscht.
*Psychoan.:* Mit Geweih ein etwas zweifelhaftes Sexualsymbol für den Mann. Bei Frauen oft Wunschtraum, vor allem bei Geweih mit vielen Sprossen.

Hotel
*ägypt.:* Du wirst viel Geld ausgeben und Reisen machen.
*scienc. occ.:* Vorsicht, man wird dich bestehlen.
*Psychoan.:* Man ist mit sich selbst irgendwie nicht einig und läuft vor sich selbst fort.

Huhn
*ägypt.:* Immer gut. Hoffnungen; gute Zeiten in Sicht.
*scienc occ.:* Rupfen = Arbeit wird zu schlecht bezahlt; essen = man bekommt seine Belohnung; verfolgen = kurze Liebesaffäre; viele Hühner beisammen = du verausgabst dich in Galanterien.
*Psychoan.:* Angelegenheiten des Alltags werden zu wichtig genommen und im Traum auf richtige Ausmaße zurückgeführt.

Hund
*ägypt.:* Gute Nachricht; gebissen werden = Krankheit; bellen = Gefahr; Hundehütte = »auf den Hund kommen«. Farbe des Hundes beachten.
*scienc. occ.:* Klein = starke Leidenschaft; mittlere Größe = platonische Liebe; groß = sinnliche Wünsche; viele = Verlust geheimer Sympathien.
*Psychoan.:* Uraltes Symbol. Instinktmahnung, normale Wunsch- oder Triebreaktion, die sich über den Hund auslebt.

Hure (siehe Dirne)

Hut (siehe auch Kahlköpfigkeit)
*ägypt.:* Gute Entschlüsse zielsicher getroffen.
*scienc. occ.:* Wertschätzung der Umwelt je nach Verfassung des Hutes.
*Psychoan.:* Meist Tarnung dessen, was man wirklich im Kopf hat, vor allem wenn man meint, die Einzelheiten gingen die Welt nichts an.

Hypnose
*ägypt.:* Gefährlich.
*scienc. occ.:* Gefahr, überlistet zu werden.
*Psychoan.:* Man weiß nicht recht, was man tut oder tun will – oder man will es nicht wissen und flüchtet in die entlastende Hypnose.

Insekten
*ägypt.:* Starke Belästigung durch unangenehme Dinge.
*scienc. occ.:* Mahnung vor Fieber im Gehirn.
*Psychoan.:* Absichtlich zurückgedrängte Kleinigkeiten haben ihre Bedeutung; sie machen sich bemerkbar.

Insel
*ägypt.:* Ruhigen Zeiten entgegen.
*scienc. occ.:* Man wacht über dich.
*Psychoan.:* Angst vor der Umwelt; seelische Fluchtideen.

Jacht (siehe auch Schiff)
*ägypt.:* Große Vergnügungsreise.
*scienc. occ.:* Keinen Leichtsinn begehen.

*Psychoan.:* Wie Schiff, aber viel leichter und unabhängiger; maßgebend ist Zustand des befahrenen Wassers.

Jazz (laute Musik)
*ägypt.:* Es werden verrückte Sachen geplant, die dir überspannt vorkommen.
*scienc. occ.:* Spott und überraschende Handlungen.
*Psychoan.:* Innere Unruhe; nervöses Nachschwingen; Zeichen seelischer Unbeständigkeit.

Joghurt (Käse; siehe auch Milch)
*ägypt.:* Ordnung halten.
*scienc. occ.:* Keuschheit, in gutem Ruf bleiben.
*Psychoan.:* Wenn nicht erotisch, dann wie Wasser zu bewerten.

Jungfrau
*ägypt.:* Küsse, Liebe.
*Psychoan.:* Anzeichen einer inneren Wandlung; die erste Stufe ist erreicht.

Kaffee
*ägypt.:* Redereien, Klatsch; Laster, Muße, Nachrede.
*scienc. occ.:* Verlorene Zeit.
*Psychoan.:* Kaffeebohne = gleiches Symbol wie Früchte, verbunden mit dem Sinn der Anregung, des Heißen, wenn verwendet.

Kahlköpfigkeit (siehe auch Hut)
*ägypt.:* Sich noch jung fühlen.
*scienc. occ.:* Man verliert ein Schmuckstück. Vorsicht.
*Psychoan.:* Ergänzung zu Hut. Bloßstellung wird befürchtet.

Kaiser (siehe König)

Kaninchen (siehe Hase)

Kartoffeln
*ägypt.:* Graben = Mühe; essen = Not.
*scienc. occ.:* Schwere Zeiten.
*Psychoan.:* Männliches sexuelles Zeichen.

Karussell (siehe auch betrunken)

*ägypt.:* Dumme Streiche machen.
*scienc. occ.:* Elend durch eigene Schuld.
*Psychoan.:* Reiztraum durch äußere Erschütterung des Schlaflagers. Oft auch Anzeichen für Ohrenstörungen; bei Wiederholung in diesem Sinne beachten.

Käse (siehe Joghurt)

Katze

*ägypt.:* Betrogen werden; Klatschereien.
*scienc. occ.:* Weiß = zarte Liebe; gefleckt = leidenschaftliche Neigungen; schwarz = Todesgefahr; viele Katzen = du betrügst eine Person, die dich sehr liebt.
*Psychoan.:* Altes weibliches Ersatzsymbol in Männerträumen. Frau gilt für Katze; unter Umständen Kater für Mann.

Keller (siehe auch Haus)

*ägypt.:* Einsturz = schweres Unglück; darin wohnen = man will sich einschränken.
*scienc. occ.:* Unsittliche Berührungen.
*Psychoan.:* Keller ist Fundament des Hauses (Haus = Mensch), betrifft also Beine und untere Regungen. Einsturz betrifft mithin Fundament, das bedroht zu sein scheint, seelisch und körperlich gesehen.

Kerze

*ägypt.:* Festlichkeiten.
*scienc. occ.:* Bedauern; bösartige Briefe.
*Psychoan.:* Eindeutig männliches sexuelles Symbol.

Kind

*ägypt.:* Immer gut. Freude in Sicht.
*scienc. occ.:* Glück und Wohlstand.
*Psychoan.:* Man ist in einer Konfliktlage und sucht irgendwie einen Ausweg zu finden; will von vorn anfangen, mit neuen Gedanken, auf neuem Weg.

Kirsche

*ägypt.:* Freude, Gewinn, Wohlergehen.
*scienc. occ.:* Schlechtes Spiel mit anderen geplant.

*Psychoan.:* Überwindung einer Schwierigkeit wird auf dem Umweg über eine Auseinandersetzung versucht. – Außerdem kleines erotisches Symbol.

König

*ägypt.:* Auszeichnungen, Ehre.
*scienc. occ.:* Schutz von vielen Seiten.
*Psychoan.:* Ausrichtung der eigenen Person auf neue Führerrolle oder Korrektur eines Minderwertigkeitsgefühls.

Korb

*ägypt.:* Nur mit Blumen = gut; sonst Mühe und Pein.
*scienc. occ.:* Ungenügende Kraft.
*Psychoan.:* Gefahr oder Befürchtung, eine »Abfuhr« zu erleben.

Krankenhaus (siehe auch Spital)

*ägypt.:* Gute Nachricht.
*scienc. occ.:* Strafen von verschiedenen Seiten.
*Psychoan.:* Trostreaktion vom Niederen zum Höchsten.

Krücke

*ägypt.:* Hilfe im Unglück.
*scienc. occ.:* Du fühlst dich sehr schwach.
*Psychoan.:* Je nachdem ob man Krücken gibt oder erhält = fast immer symbolisch für innere Unsicherheit oder die Annahme einer Hilfsbedürftigkeit bei anderen. Bei älteren Frauen oft spätsexuelle Reaktion.

Kuh

*ägypt.:* Glück. Stall voll K. = von Krankheit befreit werden.
*scienc. occ.:* Vollständige Beilegung von Zwistigkeiten.
*Psychoan.:* Eines der ältesten Traumsymbole; Mutter, Faß, Haus gehören zur gleichen Gruppe; Suche nach ruhiger, beständiger Geborgenheit.

Küsse

*ägypt.:* Vorsicht; viele gute Aussichten, wenn klug vorgegangen wird.
*scienc. occ.:* Heimliche Leidenschaften suchen Erfüllung. Küsse an Unbekannte gegeben = Sorgen.
*Psychoan.:* Wenn gegeben, meist erotisch aggressiv zu verste-

hen; wenn empfangen = zu beachten, von wem, da es den Liebeskuß und den Judaskuß gibt.

Laboratorium (Versuchsraum)
*ägypt.:* Geschäfte laufen gut an.
*scienc. occ.:* Man überlegt zuviel.
*Psychoan.:* Oft dasselbe wie Arzt, Fabrik oder Laden.

Laden
*ägypt.:* Dasselbe wie Haus und Keller.
*scienc. occ.:* Unglück einer treuen Freundin.
*Psychoan.:* Seelische Exhibition, allzu freiwillige Anbietung.

Lähmung
*ägypt.:* Dir wird geholfen werden.
*scienc. occ.:* Deine Tätigkeit wird dich reich machen.
*Psychoan.:* Erkenntnis, daß augenblickliche Schwierigkeiten nicht überwunden werden können. Oft Warntraum, lieber vorsichtig abwarten.

Lampe (siehe Ampel)

Lanze
*ägypt.:* Streit wird provoziert.
*scienc. occ.:* Angriff von Freundesseite.
*Psychoan.:* Fast in allen Fällen rein erotisches Symbol, wie die meisten Waffen, Besen usw.

Laus
*ägypt.:* Große Not und unangenehme Zustände.
*scienc. occ.:* Die Gesundheit bessert sich.
*Psychoan.:* Innere Unruhe. Sehr oft im Zusammenhang mit Nervenreizungen und geistigen Störungen oder seelischer Ungewißheit.

Leber
*ägypt.:* Essen = Krankheit steht bevor.
*scienc. occ.:* Gesundheit kann erhalten werden, Pflege nötig.
*Psychoan.:* In den meisten Fällen Reizträume, die bei Wiederholung zu Vorsicht in gesundheitlicher Hinsicht mahnen.

Lehrer (siehe auch Schule)
*ägypt.:* Warnung vor leichtsinnigen Taten.
*Psychoan.:* Man geht einer Prüfung entgegen; Zweifel, ob man alles richtig gemacht hat.

Leiche
*ägypt.:* Einladung zu einem großen Fest.
*scienc. occ.:* Alle Träume mit Toten sind gut. Langes Leben; materieller Erfolg usw.
*Psychoan.:* An sich erledigte Vorfälle, aber irgendwie sind persönliche Fragen noch nicht restlos geklärt.

Leim
*ägypt.:* Liebeskummer.
*scienc. occ.:* Gewissensbisse und Bedauern in Liebessachen.
*Psychoan.:* Wenn nicht rein erotisch-sexuell, dann übertragen als Warnung, daß man von Liebesaffäre oder erotischer Bindung nicht mehr loskommt.

Leiter
*ägypt.:* Hinaufsteigen = man erhält Ehrenstelle.
*scienc. occ.:* Du wirst jämmerlich im Stich gelassen.
*Psychoan.:* Unsicherheit, ob man erfolgreich sein wird oder nicht, ob man steigt oder fällt. Eine Leiter ist unsicherer als eine Treppe (siehe dort).

Licht (oft wie Feuer zu bewerten)
*ägypt.:* Freude bereitet sich vor.
*scienc. occ.:* Schlechte Liebesnacht mit Enttäuschungen.
*Psychoan.:* Ursymbol; in Verbindung mit anderen Zeichen beachten. Bei Schwerkranken negativ zu bewerten.

Lied
*ägypt.:* Angenehmes wird mitgeteilt.
*scienc. occ.:* Halsreizung, Halsschmerzen.
*Psychoan.:* Alte Geschehnisse werden stimmungsgemäß in Erinnerung gebracht.

Lift (Aufzug; siehe auch Aufsteigen)
*scienc. occ.:* Gefährlichen Gewinn erzielen.
*Psychoan.:* Vereinfachung des Lebensweges durch fremde Hilfe wird heimlich erhofft.

Lippen

*ägypt.:* Blaß = Verzicht; rot = Liebessehnsucht
*scienc. occ.:* Heimliche Wünsche.
*Psychoan.:* Wenn nicht Reiztraum, erotische Wünsche; rote Farbe, herzförmige Bemalung als Symbole zu bewerten.

Lotterie (Spekulation)

*ägypt.:* Unsichere Hoffnungen.
*scienc. occ.:* Vergnügungen leichter Art.
*Psychoan.:* Einsatz mit der Wahrscheinlichkeit eines Fehlschlags, eines Verlustes.

Löwe

*ägypt.:* Schutz bei Gefahren.
*scienc. occ.:* Große Kraft in allen Lagen.
*Psychoan.:* Große und heiße Kampfkraft; vor allem aber bricht Triebleben von innen her zu stark durch.

Luftballon

*scienc. occ.:* Erfolg in Liebesaffäre.
*Psychoan.:* Spekulationswünsche in bezug auf den Lebensweg werden akut.

Mädchen

*ägypt.:* Küssen = Freude; sehr schön = große Geldausgaben; weinen sehen = Schwangerschaft.
*scienc. occ.:* Gefahr, eine große Liebe zu verlieren, die dir viel bedeutet.
*Psychoan.:* Wenn nicht einfacher sexueller Wunschtraum, Rückerinnerungen oder Umstellungen im Wunschleben und in der Planung; oft dasselbe wie Kind.

Maler

*ägypt.:* Viel Glück beim andern Geschlecht.
*scienc. occ.:* Absichten geschickt verkleidet.
*Psychoan.:* Der Maler, der als beschwingter, etwas leichtsinniger Bohemien auftritt, die Pinsel, die ein reines Sexualsymbol darstellen, die frischen (anderen) Farben: alles kennzeichnet die Sucht oder Hoffnung auf neues, anderes Leben, den Wunsch nach Umstellung, die Planung erotischer Veränderungen. Aller-

dings wird das alles oft vollkommen im Traum ausgelebt, als Ersatz für die Wirklichkeit.

Mann

*ägypt.* und *scienc. occ.:* Kommt auf den Typ an, nicht allgemein als Symbol bewertet.
*Psychoan.:* Bei Frauen sexuell und erotisch. Bei Männern Auseinandersetzung mit sich selbst, innere Beobachtung der eigenen Mängel (wenn Träumer verdrängt homosexuell, gleiche Bedeutung wie bei der Frau).

Mantel

*ägypt.:* Man leistet dir einen guten Dienst.
*scienc. occ.:* Nacktheit, Schamlosigkeit.
*Psychoan.:* Trieb der Verhüllung; oft Angst, durchschaut oder entlarvt zu werden.

Markt

*ägypt.:* Kränklichkeit.
*scienc. occ.:* Grobheit, Frechheit, Anmaßung.
*Psychoan.:* Oft dasselbe wie Bordell; Preisgabe, Selbsteinschätzung. (Siehe auch Geld.)

Maske

*ägypt.:* Heuchelei.
*scienc. occ.:* Verschleierung.
*Psychoan.:* Angst vor Wahrheit, vor Enthüllung; oft Unklarheit über die eigene Seele oder über eine andere Person.

Mauer

*ägypt.:* Man will dich von etwas fernhalten.
*scienc. occ.:* Neue Wege bald für dich in Sicht.
*Psychoan.:* Reiz, ein sich bietendes Hindernis zu nehmen, vor allem bei Männern und maskulinen Frauen. Sonst oft Sehnsucht nach Einfriedung in sicherem Haus oder Hafen. Also Hindernis oder Schutz. Es kommt auf die Lage des Träumenden an.

Maus

*ägypt.:* Weiß = gut; sonst = du verrätst dich selbst.
*Psychoan:* Sexuell und erotisch; sehr oft Warntraum, daß Lebenskräfte im geheimen übermäßig verzehrt und abgebaut werden.

Meer

*ägypt.:* Ruhig = gut; bewegt = Gefahr.
*scienc. occ.:* Zukunft wie Meer, das man im Traume sieht: bewegt, ruhig, stürmisch. Von Liebe überwältigt, wenn Mond aufs Meer scheint.
*Psychoan.:* Anzeichen, daß Neues im Anzug ist.

Menschenmasse (siehe Prozession)

Messer

*ägypt.:* Sehen = Einladung; groß = Warnung.
*scienc. occ.:* Warnung, Lebensgefahr.
*Psychoan.:* Sexuell; primitiver, gefährlicher Kraftdurchbruch.

Milch (siehe auch Joghurt)

*ägypt.:* Ordnung halten.
*scienc. occ.:* Keuschheit.
*Psychoan.:* Oft sexuell; sonst wie Wasser = gut, wenn klar; gefährlich, wenn trüb.

Militär (siehe auch Soldat, Uniform, Waffen)

*ägypt.:* Vorsicht vor Unannehmlichkeiten.
*scienc. occ.:* Heißes Begehren, aber gleichzeitig Untreue.
*Psychoan.:* Bei Frauen oft sexuelle Vergewaltigungswünsche. Aber hier besonders auf Eigendeutung achten.

Mittag

*ägypt.:* Keine Not leiden.
*Psychoan.:* Angabe, wo Träumer im Leben zur Zeit tatsächlich steht. Morgen = Jugend; Mittag = Reife; Nachmittag = dem Abgrund entgegen; Abend = sich dem Ende nähernd.

Mönch (siehe Pfarrer)

Mond

*ägypt.:* Vollmond = gut; Halbmond = nicht gut in bezug auf die Liebe; Mondviertel = gute Nachricht; zunehmender Mond = sehr gut; abnehmender Mond = größte Vorsicht empfiehlt sich.
*scienc. occ.:* Beklagenswerte Leidenschaft.
*Psychoan.:* Bei Männern weibliches Aktivum im Innern; harte, männliche Frau träumt vom Mond als weichen Ausgleich.

Mord

*ägypt.:* Langes Leben.
*scienc. occ.:* Unstillbares Liebesverlangen.
*Psychoan.:* Gewaltsamer Abschluß eines Lebensabschnittes; oft Tötung der eigenen Person.

Müdigkeit (siehe Schlafen)

Mühle

*ägypt.:* Gut, wenn sie richtig läuft. Wenn Rad gebrochen, Tod in der Familie.
*scienc. occ.:* Man haßt dich; Vorsicht vor dem Hassenden.
*Psychoan.:* Streben nach Sicherheit; aber heimliche Befürchtung, nicht zum Ziele zu gelangen, unter die (Mühl)-Räder zu geraten und ohne Schuld (aus der Mühle kommt weißes Mehl) ein Opfer der Umstände zu werden.

Mund

*ägypt.:* Großen Mund haben = großer Redner werden.
*scienc. occ.:* Du fürchtest dich vor Ärger, den dir eine eifersüchtige Person bereiten kann.
*Psychoan.:* Wie Zähne rein sexuell; Potenzzeichen bei Mann und Frau.

Münze

*ägypt.:* Treu geliebt werden.
*scienc. occ.:* Berühren = gut; sehen = Täuschung; erwarten = verliebte Drohung; leihen = du findest einen Freund; haben = bald großen Gewinn.
*Psychoan.:* Sexuell, vor allem bei Frauen; dasselbe wie Geld.

Musik (siehe Jazz)

Mutter

*ägypt.:* Fruchtbarkeit (geistig und körperlich), bei Frauen in bezug auf Kinder, bei Männern in bezug auf Tätigkeit.
*scienc. occ.:* Gute Mutter = sehr gutes Zeichen; schlechte Mutter = böses Zeichen, außer wenn man von schlechter Mutter verflucht wird; mit Mutter sprechen = gut; sterben oder krank sehen = direkte Gefahr.
*Psychoan.:* Wenn wenig von Mutter geträumt wird, seelisches Verhältnis zu ihr in Ordnung. Häufige Mutterträume = Un-

sicherheit; Selbständigkeit noch nicht erreicht. Mädchen träumen in diesem Fall vom Vater, wenn Verhältnis zur Mutter nicht sehr gut.

Nabel

*ägypt.:* Gefahr für Angehörige.
*scienc. occ.:* Unmoralität einer Person mit sehr gutem Ruf.
*Psychoan.:* Ergründung eigener Unruhe, eines inneren Geheimnisses.

Nachricht

*ägypt.:* Allerlei Neuigkeiten.
*scienc. occ.:* Erkenntnis der Mittelmäßigkeit einer Person, die du verehrst.
*Psychoan.:* Ungewißheit; Neigung, bald zur Tat zu schreiten.

Nacht

*ägypt.:* Große Gefahr droht.
*scienc. occ.:* Mit Sternen = heimliche Liebe; ohne Sterne = Perversionen; mit Mond und Sternen = verwirklichte Wünsche; mit Liebesszene = Enttäuschung in der Liebe.
*Psychoan.:* Gefahren im Unbewußten; innere Warnung.

Nachthemd

*scienc. occ.:* Schamlosigkeiten.
*Psychoan.:* Erotisch; aber oft auch symbolisch = Hemd wie Charakter des Menschen im Leben.

Nachtwächter

*ägypt.:* Gefahr eines Diebstahls.
*scienc. occ.:* Achtung, Gefährdung deines Körpers und deines Besitzes.
*Psychoan.:* Unsicherheit im Verhalten. Man möchte Helfer, Wächter, Hüter haben oder fürchtet ihn. Es kommt auf das Bild an.

Nacktheit

*ägypt.:* Notlage besteht oder bereitet sich vor.
*scienc. occ.:* Selbst nackt sein = Kälte; andere n. sehen = Wunsch; n. Mann sehen = rein sexueller Wunsch; n. Frau sehen = Wunsch, sich zu verheiraten.

*Psychoan.:* Große Blöße, die man sich gibt; seelisch etwas ganz und gar nicht in Ordnung; außerdem – je nach Inhalt – oft primitiver sexueller Traum.

Nadel und Nagel

*ägypt.:* Streit; wenn sehr groß = Festigung im Beruf;
*scienc. occ.:* Immer schlechtes Vorzeichen.
*Psychoan.:* Sexuell wie Stock, Stab, Stange, Spitze.

Nägel (Fingernägel)

*ägypt.:* Unerwartete Hilfe in der Not.
*scienc. occ.:* Möglichkeit einer inneren Vergiftung.
*Psychoan.:* Man sucht etwas mit den Nägeln zu halten, das entgleiten kann. Wenn die Nägel brechen, so daß der Gegenstand, den man hält, entgleitet, fürchtet man im Innern kommenden Verlust. – Oft im Zusammenhang mit Prozessen und heftigen Diskussionen.

Namen

*ägypt.:* Den eigenen Namen hören oder schreiben = gute Botschaft.
*Psychoan.:* Ruf an uns selbst; Warnung vor Verlust der eigenen Persönlichkeit.

Nase

*ägypt.:* Guter Liebhaber sein.
*scienc. occ.:* Daran ziehen = mit Liebe nicht zufrieden.
*Psychoan:* Sexuell, Potenzfrage; aber auch mitunter Warnung vor Gehirnkrankheiten und Reizungen.

Nebel

*ägypt.:* Auf falschen Wegen.
*scienc. occ.:* Schneefall.
*Psychoan.:* Unklarheit über Zukunft und einzuschlagende Wege.

Neger

*ägypt.:* Kein Geld haben.
*scienc. occ.:* Sauberkeit.
*Psychoan.:* Widerstreit des hellen Innenlebens gegen das dunkle, meist negative Innenleben.

Nest

*ägypt.:* Nicht geizig sein!
*scienc. occ.:* Verlust einer Freundschaft.
*Psychoan.:* Konzentration auf kleinen Zukunftsaufbau.

Null

*ägypt.:* Erfolg in Geschäften.
*scienc. occ.:* Lotteriegewinn wahrscheinlich.
*Psychoan.:* Als runde Sache sexuell zu bewerten. Auf jeden Fall ist die im Traum vorkommende Null nicht als Nichts zu betrachten.

Nüsse

*ägypt.:* Sehr harte = Zwietracht.
*scienc. occ.:* Liebestollheit oder ferne Liebessehnsucht.
*Psychoan.:* Dasselbe wie Früchte, aber komplizierter in der Erledigung.

Obst

*ägypt.:* Wenn gut und frisch = immer gutes Zeichen; wenn faul = Vorzeichen von Unzufriedenheit.
*scienc. occ.:* Baldige Reise in Sicht; Landreise, Erholungsfahrt.
*Psychoan.:* Kommt ganz darauf an, welche Früchte. Siehe unter Birnen, Bananen usw. Fast ausnahmslos Sexualsymbole, sogar in der deutlichsten und stärksten Form.

Ofen

*ägypt.:* Behaglichkeit.
*scienc. occ.:* Erfolg unter allen Umständen.
*Psychoan.:* Ofenrohr, Ofenloch, warmer Ofen = sexuelle Symbole. Potenzfrage; kalter Ofen entsprechend zu bewerten.

Ohr

*ägypt.:* Böse Nachrederei.
*scienc. occ.:* Überwachung.
*Psychoan.:* Ohr fällt unter die erotischen Nebenzonen.

Oper (siehe Theater)

Operation (siehe auch Amputation)

*ägypt.:* Gefahren für Gesundheit und Leben.
*Psychoan.:* Mitunter Warntraum; sonst ist der bisher beschrittene

Lebensweg nicht befriedigend; also gewaltsamer, schmerzhafter Eingriff.

Opium

*ägypt.:* Falsche Lebensweise birgt für dich Gefahren.
*scienc. occ.:* Eine angenehme Begegnung steht bevor.
*Psychoan.:* Fast dasselbe wie Schlaf. Flucht vor Unangenehmem, oft auch Erschöpfung des Nervensystems.

Orange

*ägypt.:* Dasselbe wie Apfel.
*scienc. occ.:* Baldige Heirat.
*Psychoan.:* Sexuell (siehe Obst).

Ostern (Passahfest, Frühlingsfest)

*ägypt.:* Unerwartete Genüsse bevorstehend.
*scienc. occ.:* Kurzes Glück.
*Psychoan.:* Auferstehung, Umstellung, Überwindung der Beharrung im alten Zustand. Hoffnung auf spätere Besserung.

Paket

*ägypt.:* Leer = schlecht; schwer und voll, mit der Post kommend = gut und nützlich.
*scienc. occ.:* Freudige Überraschung.
*Psychoan.:* Dick wie Bauch = ähnlich wie Keller.

Papier (Pergament)

*ägypt.:* Wichtige Nachrichten.
*scienc. occ.:* Erniedrigung in der Liebe, durch die Liebe.
*Psychoan.:* Erledigung schwebender Angelegenheiten wird dringend; sie können durch Briefe oder Dokumente erledigt werden.

Paradies

*ägypt.:* Glück und Wonne.
*scienc. occ.:* Sehr lang andauerndes Glück.
*Psychoan.:* Man rechnet auf außerirdischen Lohn; Trost gegenüber der Undankbarkeit der Umwelt.

Pass

*ägypt.:* Reisen.
*Psychoan.:* Sich über den notwendigen Ausweg klargeworden sein.

Perlen

*ägypt.:* Tränen.
*scienc. occ.:* Liebeskummer mit Tränen.
*Psychoan.:* Scheinglanz, matte Hoffnungen.

Pfanne

*ägypt.:* Alte Bekannte treffen.
*scienc. occ.:* Gefahr einer Erkältung.
*Psychoan.:* Sexuell wie Ofen, nur noch offener.

Pfarrer

*ägypt.:* Langes Leben, Trost im Unglück; Frau oder Köchin des P.: Klatschereien.
*Psychoan.:* Unruhe; bei Frauen oft wie Traum von Lehrer, Erzieher, Wegweiser.

Pfau

*ägypt.:* Stolz; wahrscheinlich Umgang mit hochgestellten Personen.
*scienc. occ.:* Stolz.
*Psychoan.:* Ursymbol, dem Feuer nahestehend; Beschäftigung mit neuem Weg, der besseren Erfolg haben könnte als der bisherige.

Pfeife (siehe Tabak)

Pferd (siehe auch Hengst)

*ägypt.:* Immer gut; nur wenn P. durchgeht, schlecht.
*scienc. occ.:* Neue Kraft und gute Erfolge.
*Psychoan.:* Ordnung des seelischen und meist sexuell-erotischen Lebens; dementsprechend scheuende Pferde = Unordnung im Innenleben.

Photographie (Porträt, Bild, Ebenbild, Spiegel)

*ägypt.:* Liebe und Heirat.
*scienc. occ.:* Uneingestandene Liebe.
*Psychoan.:* Wie Ebenbild und Spiegel = man sucht sich von sich selbst, von anderen, von Umständen ein Bild zu machen.

Pilger

*ägypt.:* Nachricht aus der Ferne.
*scienc. occ.:* Verzicht auf Lebensfreuden.

*Psychoan.:* Warntraum; alles Bestehende ist nicht zuverlässig, sondern vergänglich.

Platz

*ägypt.:* Förderung von fremder Seite.
*scienc. occ.:* Neuer Beruf.
*Psychoan.:* Verleugnung von Hindernissen.

Polizist

*ägypt.:* In Konflikt kommen.
*scienc. occ.:* Gefährdung der Freiheit.
*Psychoan.:* Mahnung, die alltäglichen Moralgesetze zu beachten; etwas stimmt nicht; sehr oft direkte Reklamation der Seele gegen inneres Verbrechertum und eigene Schuftigkeit.

Prozession

*ägypt.:* Vertrauen, langes Leben.
*scienc. occ.:* Große Wunscherfüllung durch Fügung.
*Psychoan.:* Hoffnung, daß alle andern genauso handeln wie man selbst; innere Rechtfertigung.

Puppe

*ägypt.:* Kinderfreundschaft hält.
*scienc. occ.:* Kinder kommen bald.
*Psychoan.:* Lebenswünsche wollen Tatsache werden, brechen durch.

Quadrat

*scienc. occ.:* Unschuldige Vergnügen.
*Psychoan.:* Ursymbol der Vierheit, Stärke, Stabilität.

Quaken

*ägypt.:* Gute Nachricht.
*scienc. occ.:* Keine Zeit verlieren mit Liebesspielen.
*Psychoan.:* Seelische Unterentwicklung; Suche nach Ausweg.

Quelle

*ägypt.:* Glück, neue Ideen.
*scienc. occ.:* Dasselbe wie Wasser.
*Psychoan.:* Je nach dem Befund des Wassers Klarheit in geistiger Beziehung.

Quittung
*ägypt.:* Gute Vermögenslage.
*scienc. occ.:* Du kommst in den Besitz einer großen Summe.
*Psychoan.:* Dasselbe wie Geld und Rechnung; aber auch sehr oft als richtige Quittung = Befreiung von belastender Idee, innere Lossprechung.

Rabe
*ägypt.:* Unglück; viele sehen = Katastrophe.
*scienc. occ.:* Schlechter Appetit.
*Psychoan.:* Symbol sehr dunkler Gedanken; innere, verdrängte Triebe mahnen.

Rad
*ägypt.:* Gute Möglichkeiten im Geschäft.
*scienc. occ.:* Nutzbringende Reise.
*Psychoan.:* als Symbol = Kreis = zeitlos; sonst Abrundung von Leben und Ideen.

Radieschen
*ägypt.:* Ein überraschendes Vergnügen stellt sich ein.
*scienc. occ.:* Kleines Geschäft bringt Gewinn und Angenehmes.
*Psychoan.:* Wie Rübe, nur bescheidener und versteckter; meist eine keimende Sexualaffäre, über die man sich nicht klar ist.

Rakete (Feuerwerkskörper)
*ägypt.:* Aufsehen erregen.
*scienc. occ.:* Erfreuliche Nachricht.
*Psychoan.:* Über normale Ziele hinausschießen wollen; Warnung.

Ratte
*ägypt.:* Man erfährt ein Geheimnis.
*scienc. occ.:* Reichtum ist gefährdet.
*Psychoan.:* Wie Mäuse sehr oft Zerstörung der Lebenskraft, nur noch schlimmer.

Räuber (siehe Bandit)

Rechnung
*ägypt.:* Immer gerecht sein!
*scienc. occ.:* Großer Gewinn.

*Psychoan.:* Wie Geld und Quittung; Zweifel am eigenen Wert; vor allem bei Frauen wichtig; bei Männern sehr oft Potenztraum.

Regen

*ägypt.:* Fruchtbarkeit.
*scienc. occ.:* Heftiger Sturm steht bevor.
*Psychoan.:* Wie Himmel, Wasser und Quelle; immer Farbe des fallenden Wassers beachten, ob trübe oder klar.

Reise

*ägypt.:* Entfernte Freunde sehen.
*scienc. occ.:* Du veränderst dich.
*Psychoan.:* Lebensweg soll auf neuer Basis fortgesetzt werden.

Reiten (siehe Pferd)

Riese

*ägypt.:* Gute Geschäfte.
*scienc. occ.:* Geldverluste durch eigene Schuld.
*Psychoan.:* Triebleben wird immer stärker; außerdem Ursymbol.

Röntgenstrahlen (Strahlen)

*Psychoan.:* Wie Spiegel, Ebenbild, Fotografie = dringender Versuch, klares Bild zu gewinnen.

Rose

*ägypt.:* Freude durch Liebe; weiß = verschmähte Frau; rot = erwiderte Liebe.
*scienc occ.:* Leidenschaft und Liebe fürs Leben.
*Psychoan.:* Seelischer Reichtum, in gewisser Hinsicht Vollkommenheit, wenn nicht Trosttraum.

Rosine

*ägypt.:* Kummer durch eigene Schuld.
*scienc. occ.:* Unangenehmes, vor allem wenn unsauber.
*Psychoan.:* Siehe Obst. Vertrocknetes immer = Vergangenes, Verflossenes, Gestorbenes.

Rübe

*ägypt.:* Weiß = Gefahr für Frauen; gelb, rot = Familienglück.
*scienc. occ.:* Groß und ganz = Zufriedenheit.
*Psychoan.:* Absolut sexuelles Symbol, wenn von Frauen und jungen Männern geträumt. Von älteren Männern geträumt, oft in verächtlichem Sinne gemeint.

Rücken

*ägypt.:* Berechtigte Befürchtungen.
*scienc. occ.:* Nasenübel möglich; Gesundheit beobachten.
*Psychoan.:* Angst vor dem Unbewußten; Gefahr wird geahnt, aber nicht genau erkannt.

Rüssel (siehe auch Elefant)

*scienc. occ.:* Einsamkeit und Stille.
*Psychoan.:* An sich sexuell günstig; aber nicht immer, vor allem dann nicht, wenn der Elefant wild ist; Riesenkräfte und Triebe sollte man nicht reizen oder loslassen.

Sack

*ägypt.:* Neider haben.
*scienc. occ.:* Kurzer, glanzvoller Wohlstand.
*Psychoan.:* Sexuell wie Geld; Potenztraum.

Safran

*ägypt.:* Möglicher Erfolg in der Liebe.
*scienc. occ.:* Unzufriedenheit in einer Liebesaffäre.
*Psychoan.:* Innere Unzufriedenheit durch zu große Eintönigkeit; Suche nach Ausweg.

Säge

*ägypt.:* Unkeusch, unsauber.
*scienc. occ.:* Von Leiden anderer vernehmen.
*Psychoan.:* Rein sexuell.

Sägespäne

*ägypt.:* Unzucht und Unsauberkeit.
*scienc. occ.:* Man verzettelt sich.
*Psychoan.:* Der Versuch, ins einzelne zu gehen, erweist sich als schwerer denn vermutet. Oft sexuell.

Salat

*ägypt.:* Große Prüfung steht bevor.
*scienc. occ.:* Ehefreuden.
*Psychoan.:* Dasselbe wie Gemüse; aufgeschossener Salat = sexuell.

Salz

*ägypt.:* Gutes Auskommen haben; verschütten = Gefahr.

*scienc. occ.:* Unglück, wenn verschüttet; gut, wenn Salz in durchsichtigem Gefäß.
*Psychoan.:* Urthema, Lebensstoff, Gesundheit, Lebenskraft.

Sand

*ägypt.:* Warnung vor Lüge.
*scienc. occ.:* Du verschwendest dein Vermögen.
*Psychoan.:* Wie Salz, aber tot, ohne Kraft. Fundament, Grundlage fehlt.

Sarg

*ägypt.:* Todesfall.
*scienc. occ.:* Schlechtes Vorzeichen.
*Psychoan.:* Innerliches Abschiednehmen von Vergangenem; neue Absichten, die erst wahr werden können, wenn Altes begraben ist.

Schatten

*ägypt.:* Eigenen S. sehen = Kummer; im S. sitzen = betrogen werden.
*scienc. occ.:* Großer Kummer.
*Psychoan.:* Warntraum; in unsicherer Lage; wie Nebel und Rücken.

Schatz

*ägypt.:* Glück und Reichtum; vergraben = neue Sorgen.
*scienc. occ.:* Flucht, glückliches Entkommen aus Gefahr.
*Psychoan.:* Meist Fragestellung, ob sich das Leben lohnt.

Scheintod

*ägypt.:* Man hat bewegtes Leben vor sich.
*scienc. occ.:* Wie Tod, aber weniger stark.
*Psychoan.:* Letzte innere Mahnung, sich zu ändern, und zwar gründlich; Scheinänderung, scheinbare Abschreibung der Vergangenheit genügen nicht.

Schießen

*ägypt.:* Gute Ziele verfolgen.
*scienc. occ.:* Erfolg haben.
*Psychoan.:* Entscheidung getroffen, Entschluß gefaßt; oft aber auch anal-sexuelle Reaktion.

Schiff (siehe auch Jacht)
*ägypt.:* Gewinn, wenn im Hafen; Vorsicht, wenn auf hoher See.
*scienc. occ.:* Reise mit einem Zug.
*Psychoan.:* Wie Reisen in Zug, Flugzeug, Wagen usw. = Änderung des Lebensweges; auf Wasser freilich etwas unsicher empfunden, vor allem bei trübem Wasser.

Schlafen
*ägypt.:* Ekel vor der Arbeit.
*scienc. occ.:* Wohlleben und Faulheit.
*Psychoan.:* Flucht und Furcht vor den Realitäten.

Schlafzimmer
*scienc. occ.:* Nicht allein bleiben.
*Psychoan.:* In allen Formen sexuell.

Schlange
*ägypt.:* Angst vor S. = Falschheit; gebissen werden = Warnung vor Freunden.
*scienc. occ.:* Baldige Aussprache über peinliche Angelegenheit.
*Psychoan.:* Rein sexuelles Ursymbol; fast ausnahmslos erotisch-sexuell bedingt.

Schlitten (siehe Auto und Schiff)

Schlüssel
*ägypt.:* Man erfährt ein Geheimnis.
*scienc. occ.:* Halten = Liebe; verlieren = Reue; benutzen = Liebesspiele; viele S. = geteilte Liebe.
*Psychoan.:* Nur erotisch zu verstehen, als Instrument am Schlüsselloch usw.

Schmetterling
*ägypt.:* Unbeständigkeit
*scienc. occ.:* Leichte Seele.
*Psychoan.:* Wechsel steht bevor; vgl. die Metamorphose des Schmetterlings.

Schnee
*ägypt.:* Wünsche werden zu Wasser.
*scienc. occ.:* Weiß = zweifelhafter Reichtum; farbig = Liederlichkeit; Schneebälle = Schamlosigkeit.

*Psychoan.:* Potenzfrage; Jahreszeit = Lebensalter; Kühle, Kälte; Natur schläft oder ist abgestorben.

Schuh

*ägypt.:* Versprechungen erhalten.
*scienc. occ.:* Verleugnete Freundschaft.
*Psychoan.:* Eindeutiges Sexualsymbol.

Schule (siehe auch Lehrer)

*ägypt.:* Angenehme Erinnerungen.
*scienc. occ.:* Scherze in der Umgebung.
*Psychoan.:* Schule = Leben; man ist gezwungen, erneut Prüfung (im Leben) durchzumachen.

Schwangerschaft

*ägypt.:* Von Frau geträumt = baldige Kindstaufe.
*scienc. occ.:* Glück und Erfolg.
*Psychoan.:* Die Frau erwartet Neues vom Leben, wenn sie sich selbst schwanger sieht; der Mann überträgt eigene neue Pläne auf anderes Objekt.

Schwanz

*ägypt.:* Gutes Ende.
*scienc. occ.:* Unlust und Schande.
*Psychoan.:* Ausklang einer Episode; aber meist rein sexuell.

Schwein

*ägypt.:* Glück; essen = Erfolg.
*scienc. occ.:* Nutzen durch unsaubere Handlungen.
*Psychoan.:* Rückschlüsse auf sich selbst (»Ich bin ein großes Schwein!«), manchmal auch auf andere.

Schwester

*ägypt.:* Freunde kommen ins Haus.
*scienc. occ.:* Böse Freundschaft.
*Psychoan.:* Von Frau geträumt = eigener Schatten; von Mann geträumt = die weibliche Note im Mann bricht durch.

See

*ägypt.:* Ruhig = gut; wenn bewegt und stürmisch, wie Wasser und Meer.
*scienc. occ.:* Brandgefahr.

*Psychoan.:* Wie Aufenthalt am Ufer eines Flusses, nur wichtiger, das heißt, neue Entscheidungen drängen sich auf.

Sekt (siehe Champagner)

Singen (siehe auch Lied)

*ägypt.:* Angenehmes wird mitgeteilt.
*scienc. occ.:* Halsreizung, Halsschmerzen.
*Psychoan.:* Alte Geschehnisse werden stimmungsmäßig in Erinnerung gebracht.

Sohn

*ägypt.:* Freude und Zufriedenheit.
*scienc. occ.:* Schlechte Versprechungen.
*Psychoan.:* Wenn nicht direkte Mahnung, auf den eigenen Sohn zu achten, innere Reklamation, daß mit dem persönlichen Innenleben etwas nicht stimmt.

Soldat (siehe auch Uniform und Militär)

*ägypt.:* Trägheit, Faulheit, Gleichgültigkeit.
*scienc. occ.:* Ehre ist nicht in Gefahr.
*Psychoan.:* Dringende innere Aufforderung, sich im Leben einzuordnen, Disziplin zu halten.

Sommer

*ägypt.:* Vielerlei Vergnügen in Sicht.
*scienc. occ.:* Zuversicht in Geschäften und in der Liebe.
*Psychoan.:* Potenzangabe wie Frühling, Herbst, Winter; Jahr = Leben des Menschen; Jahreszeiten = Perioden im Leben.

Sommersprossen

*ägypt.:* Leid in der Liebe.
*scienc. occ.:* Vorsicht bei der Wahrung eines Liebesgeheimnisses.
*Psychoan.:* Man fühlt sich irgendwie belastet und fürchtet, daß die Umwelt einem etwas »an der Nase ansehen« könnte, einen Fehler, ein Laster, ein Vergehen.

Sonne

*ägypt.:* Glück durch andere Personen; Sonnenuntergang = viel Schaden.
*scienc. occ.:* Immer gut; nur schlecht, wenn am Ende des Sonnentraums Finsternis eintritt oder Nacht kommt.

*Psychoan.:* Starkes Energiesymbol; durch Sonne wird alles klar. Bei Schwerkranken aber sind Träume von zuviel Sonne und Licht ein schlechtes Zeichen.

Spargel

*ägypt.:* Zeichen der Fruchtbarkeit, auch in der Arbeit.
*scienc. occ.:* Kurze, aber sehr heiße Leidenschaft.
*Psychoan.:* Eindeutig sexuelles Symbol, noch ausgesprochener als Gemüse im allgemeinen.

Speck

*ägypt.:* Schlechte Bedeutung.
*scienc. occ.:* Vorsicht in der Ernährung; man ruiniert durch übermäßiges Essen die eigene Gesundheit.
*Psychoan.:* Oft Bezug auf Schwein (siehe dort); sonst = dickes Fell, Unempfindlichkeit; Egoismus behauptet sich.

Spiegel

*ägypt.:* Freude im Umgang mit andern.
*scienc. occ.:* Ganz = Ruhm und Erfolg; zerbrochen = schlecht.
*Psychoan.:* Wie Ebenbild und Photographie = Versuch, mit sich ins klare zu kommen.

Spinne

*ägypt.:* Glück in allen Formen.
*scienc. occ.:* Erfolg, aber unter Überwindung großer Schwierigkeiten.
*Psychoan.:* Mahnung zur Vorsicht mit sich selbst; Gehirnreizungen (wie bei anderen kleinen Tieren im Traumbild) möglich. – Besondere Vorsicht im Umgang mit Frauen geboten.

Spital

*ägypt.:* Du kommst in gute Verhältnisse.
*science occ.:* Langes Leben.
*Psychoan.* (siehe auch Operation, Amputation, Arzt): Die Umstellung im Leben muß bald erfolgen, unter Umständen durch einen schmerzhaften Eingriff.

Sprengung (siehe Dynamit)

Sterben

*ägypt.:* Große Betrübnis.
*scienc. occ.:* Warnung vor Unglück; aber doch langes Leben.

*Psychoan.:* Wie Leiche usw. = mit etwas aufräumen, endgültig Schluß machen oder machen wollen. Innerlich ist man fertig mit einer Sache, wenn man daran im Traum stirbt.

Stern

*ägypt.:* Innere Befriedung.
*scienc. occ.:* An sich gute Lage; aber Vorsicht mit Feinden.
*Psychoan.:* Ausweitung der Lebensziele; Pläne werden vielfältiger.

Stier

*ägypt.:* Unannehmlichkeiten ernster Art.
*scienc. occ.:* Frühe Ehe.
*Psychoan.:* Stärkstes Ursymbol für Männlichkeit und Kraft; bei Mann Potenztraum; bei Frau oft Wunschtraum.

Stock

*ägypt.:* Man bedroht dich; sei vorsichtig.
*scienc. occ.:* Achtung, keine Geheimnisse an Unwürdige weitersagen.
*Psychoan.:* Rein erotisch-sexuell wie Werkzeuge und Obst.

Strafe (siehe Urteil)

Strick

*ägypt.:* Großes Leid in der Liebe.
*scienc. occ.:* Wenig Aussicht, in einer Liebessache zum Erfolg zu kommen.
*Psychoan.:* Kommt darauf an, ob Haltestrick oder Fesselung, ist aber immer Bindung. Nur kann sie lästig oder rettend sein.

Stroh

*ägypt.:* Strohhut = gut; auf Stroh liegen = schlecht, Armut.
*scienc. occ.:* Reichtum durch Arbeit auf dem Land.
*Psychoan.:* Meist Zeichen für innere Beunruhigung; aber Furchtlosigkeit in der Gefahr.

Suppe

*ägypt.:* Hohes Alter.
*scienc. occ.:* Gestörtes bürgerliches Leben.
*Psychoan.:* Je nachdem, ob man Suppe liebt oder nicht; wenn

nicht: Bewußtsein, daß man etwas bis zum bitteren Ende »auslöffeln« muß.

Tabak (Rauch)

*scienc. occ.:* Vorsicht vor Gift oder innerer Vergiftung.
*Psychoan.:* Männlichkeit stark herausstreichend; Zigarren und Pfeifen sind rein sexuelle Symbole.

Tal

*ägypt.:* Deine Wünsche werden erfüllt; Verborgenes wird dir erzählt.
*Psychoan.:* Tiefe im Lebensweg als Gegensatz zu Berg und Felsen; oft auch gewisser Ruhepunkt.

Tannenbaum

*scienc. occ.:* Leiden wird geheilt.
*Psychoan.:* Wie alle Bäume Potenzsymbol.

Tanz

*ägypt.:* Du wirst dich fügen müssen.
*scienc. occ.:* Unmoralische Leidenschaften; Befriedigung der Wünsche, aber baldiger Bruch.
*Psychoan.:* Ein Tänzer allein = Problem des eigenen inneren Gegenspielers; Tanz mit Partner oder Partnerin = rein sexuell.

Tasse

*ägypt.:* Aus T. trinken = galanter Besuch steht bevor.
*scienc. occ.:* T. zerbrechen = schlecht.
*Psychoan.:* Rein sexuell.

Taube

*ägypt.:* Häusliches Glück.
*scienc. occ.:* Neider umgeben dich.
*Psychoan.:* Nur scheinbar sanft und zart; Symbol der erotischen Annäherung.

Taufe

*ägypt.:* Große Vorteile.
*scienc. occ.:* Diskretion erforderlich.
*Psychoan.:* Meist Fortsetzung eines Traumes vom Wasser.

Teller

*ägypt.:* Zufriedenheit.
*scienc. occ.:* Unglückliche Ehe, vor allem wenn T. zerbrochen
*Psychoan.:* Weiterung des Traumes von der Tasse.

Teufel

*ägypt.:* Versuchungen von verschiedenen Seiten.
*scienc. occ.:* Ruhm und Erfolg.
*Psychoan.:* Verworrene geistige Lage; Klarstellungen sind unbedingt erforderlich.

Theater

*ägypt.:* Scheinruhm mit Enttäuschungen.
*scienc. occ.:* Vereinsamung.
*Psychoan.:* Theater = Leben; Bühne = Lebensbühne; Darstellung auf der Bühne fast immer das eigene Leben oder Episoden oder unklare Momente daraus.

Tiere

*ägypt.:* Große und kleine, wilde und zahme = immer Gefahren.
*scienc. occ.:* Heimliche Liebe.
*Psychoan.:* Einschaltung eigener Tiertriebe, Triebwünsche in das Traumleben.

Tiger

*ägypt.:* Gefahr durch hinterlistige Feinde.
*scienc. occ.:* Schlaflosigkeit.
*Psychoan.:* Achtung, Triebleben im bösesten Sinne gewinnt die Oberhand.

Tinte (Tusche, Schreibstoff)

*ägypt.:* Ein Brief ist bald abzufassen.
*scienc. occ.:* Glück und Erfolg durch freudigen Brief.
*Psychoan.:* Mahnung an Erledigung schwebender Dinge; siehe auch Papier.

Tisch

*ägypt.:* Neue Wohnung in Aussicht.
*scienc. occ.:* Gute Mahlzeiten stehen bevor.
*Psychoan.:* Tisch = Lebenssymbol; man sitzt vor seinem Leben; es kommt darauf an: was ist darauf?

Tod

*ägypt.:* Langes Leben.
*scienc. occ.:* Langes Leben mit großem Erfolg.
*Psychoan.:* Klarer Abschluß eines Lebenskapitels.

Tränen

*ägypt.:* Freude.
*scienc. occ.:* Gute Nachrichten.
*Psychoan.:* Suche nach einer inneren Auslösung und Beruhigung.

Treppe (siehe auch Leiter)

*ägypt.:* Sorgen und Mühen um Existenz.
*scienc. occ.:* Glück unter allen Umständen.
*Psychoan.:* Wie Leiter, aber viel sicherer. Wenn Treppe in viele Stockwerke hinaufführt und konstruktiv in Ordnung ist = gut. Meist ein Traum der zweiten Lebenshälfte und vor schweren Entschlüssen, die innerlich schon gefaßt sind.

Trinken

*ägypt.:* Aus Topf = Armut; aus Glas = Reichtum, Genesung von Krankheit, Wohlstand.
*scienc. occ.:* Lungen beobachten; langwierige Bronchitis möglich.
*Psychoan.:* Beruhigender Wunschtraum; mitunter auch Vorzeichen von chronischem Fieber.

Tür

*scienc. occ.:* Es ist besser, zu verschwinden.
*Psychoan.:* Tür am Haus = Sexualorgan (siehe Haus).

Überfall

*ägypt.:* Gefahr; dem Ruin entgegengehend.
*scienc. occ.:* Großer Fehlschlag.
*Psychoan.:* Durchbruch seltsamer Wünsche; oft nur Alpdruck.

Überschwemmung

*ägypt.:* Unnötiger Alarm.
*scienc. occ.:* Bettnässen wahrscheinlich.
*Psychoan.:* Gewisse Gefühle und Triebe werden maßlos und unter Umständen gefährlich.

Ufer

*ägypt.:* Wechsel steht bevor.
*scienc. occ.:* Tränen.
*Psychoan.:* Umstellung im Leben; Zaudern, welche Richtung man einschlagen will.

Uhr (Zeitmesser)

*ägypt.:* Gewissenhaftigkeit, Pünktlichkeit.
*scienc. occ.:* Schlecht; gut nur, wenn zerbrochen oder verloren.
*Psychoan.:* Angst, daß Lebenszeit zu schnell verstreicht.

Ungeziefer (siehe die einzelnen Stichwörter)

Uniform (siehe auch Soldat und Militär)

*ägypt.:* falscher Ruhm.
*scienc. occ.:* Ungehorsam.
*Psychoan.:* Mahnung zur eigenen Disziplin; Verkleidung.

Urin

*ägypt.:* Trinken = langes Leben; urinieren = Erleichterung in schwieriger Lage.
*scienc. occ.:* Unangenehmes.
*Psychoan.:* Sexuell, aber ziemlich verwickelt; wenn nicht einfacher physiologischer Entlastungstraum.

Urteil

*ägypt.:* Unangenehmes steht bevor; Komplikationen; vor allem Schande, wenn Urteil auf Todes- oder Zuchthausstrafe lautet.
*scienc. occ.:* Man will dir Gutes tun.
*Psychoan.:* Abrechnung mit sich oder Umwelt; je nachdem wer Richter oder Angeklagter ist. Man kann auch Richter und Angeklagter zugleich sein.

Vagabund

*ägypt.:* Schlechte Gesellschaft.
*scienc. occ.:* Liebesversklavung.
*Psychoan.:* Zielloses Abgehen von dem normalen Moralzwang; Gefahr durch Konflikte.

Vampir

*ägypt.:* Hartherzigkeit.
*scienc. occ.:* Ungezügelte Leidenschaften.
*Psychoan.:* Kaltherzigkeit, schlechte Instinkte; noch stärker als Ungeziefer in der negativen Betonung.

Vater (Vater sein)

*ägypt.:* Große Freude.
*scienc. occ.:* Gesteigerte neue Tätigkeit; bei jungen Leuten und Frauen Mahnung vor Fehltritten.
*Psychoan.:* Bei Frauen und Mädchen Revolte oder Mahnung der anderen (männlichen) Natur; sehr oft auch Neigung, Wertschätzung für Lehrer, Pfarrer usw. auf das Vaterbild übertragen. Bei Männern häufig Auseinandersetzung mit aufgezwungenen, vorgesetzten, mitunter lästigen, meist unangenehmen Gewalten.

Veilchen

*ägypt.:* Glück überall.
*Psychoan.:* Rückerinnerung an verflossene Ereignisse.

Vergraben (im Sinne von Verstecken)

*ägypt.:* Mißtrauen hegen gegen alle Welt.
*scienc. occ.:* Langes Leben; großes Geheimnis spielt eine Rolle in späteren Jahren.
*Psychoan.:* Versuch, negative Triebe vor der Welt zu verheimlichen, die Ablegung der »Laster« vorzutäuschen; oft auch Verbeißen in eine falsche Einstellung, die innerlich als falsch erkannt wird.

Verletzung (siehe auch Wunden)

*ägypt.:* Mahnung zur Vorsicht im Umgang mit Geräten und gewissen Menschen.
*scienc. occ.:* Liebe einer großen Persönlichkeit.
*Psychoan.:* Oft wie Operation; wichtig, wer die Verletzung erleidet oder verursacht; dem Opfer soll Veränderung aufgezwungen werden.

Verspätung

*ägypt.:* Ärger durch Mangel an Gewissenhaftigkeit.

*scienc. occ.:* Mahnung, schneller zu handeln.
*Psychoan.:* Im Leben Anschluß verpaßt oder Gefahr, in naher Zukunft den richtigen Augenblick zu versäumen.

Verstecken (siehe Vergraben)

Verstopfung
*ägypt.:* Schlechter Gesundheitszustand.
*scienc. occ.:* Unordnung in der Liebe.
*Psychoan.:* Wenn nicht rein körperliche Mahnung (Stuhldrang), dann sehr oft Zeichen für übermäßigen Geiz.

Vogel
*ägypt.:* Gefahr, betrogen zu werden.
*scienc. occ.:* Große Reisen werden Tatsache.
*Psychoan.:* Wenn nicht Totenvögel (als Mahnung), dann im Anschluß an die erotische Bedeutung einer primitiven Ausdrucksweise.

Vulkan
*ägypt.:* In allen Fällen gefährlich.
*Psychoan.:* Überraschender Durchbruch gefährlicher Urtriebe droht.

Wache
*ägypt.:* Hindernisse für ein großes Vorhaben.
*scienc. occ.:* Gefahr.
*Psychoan.:* Wie Polizist und Soldat zwischen Mahnung und Ordnung und Hang zur Disziplinlosigkeit.

Waffen
*ägypt.:* Wenn spitz, sehr vorsichtig sein.
*scienc. occ.:* Geschätzt und gefürchtet werden.
*Psychoan.:* Fast ausschließlich sexuelle Bedeutung = Benutzung der »Waffen« erwünscht, gefürchtet, erhofft.

Wagen (siehe Auto)

Wald
*ägypt.:* Vertrauen auf die Zukunft.

*scienc. occ.:* Peinliche, belastende Einsamkeit.
*Psychoan.:* Kann harmlos oder gefährlich sein; alle Sexual- und Mahnfaktoren beisammen: Bäume, sprießende Pflanzen, Vögel, wilde oder zahme Tiere, Dunkelheit usw.; vor allem der erotisch-sexuelle Unterklang ist klar.

Walfisch

*ägypt.:* Großer Gewinn.
*scienc. occ.:* Reifer Mann tut dir Gutes.
*Psychoan.:* Riesentier wie Elefant; aber unbeweglicher und somit ungefährlicher; erwachendes Selbstbewußtsein kann Übermaße annehmen.

Wanderer (siehe Pilger)

Wanzen

*ägypt.:* Zudringliche Bekanntschaft.
*scienc. occ.:* Heimliche, sehr böse Leidenschaften.
*Psychoan.:* Betrifft fast immer Nervensystem und Gehirn.

Warzen

*ägypt.:* Großer Ärger.
*scienc. occ.:* Vor gefährlicher alter Frau hüten.
*Psychoan.:* Oft Hautreizung, Organreizung; sonst Bloßstellung vor aller Welt; mitunter erotisch.

Wasser

*ägypt.:* Klar = gut; trübe = schlecht; schwarz = große Gefahr.
*scienc. occ.:* Klar und ruhig = gut; dunkel und stinkend = sehr große Gefahr; Person im Spiegelbild des Wassers sehen = der Betreffende wird krank.
*Psychoan.:* Innerer Zustand wie Zustand des Wassers.

Wein

*ägypt.:* Fröhlichkeit.
*scienc. occ.:* Nüchternheit.
*Psychoan.:* Wandlung, Belebung des Geistes läßt sich an.

Weintraube (siehe Rosine)

Werkstatt (siehe Fabrik)

Werkzeuge (siehe Stock)

Wespe (siehe auch Biene)
*ägypt.:* Bösartige Freunde.
*scienc. occ.:* Unrechte Worte werden gewechselt.
*Psychoan.:* Als Gegensatz zu Biene: Faulheit statt Fleiß; Schaden statt Nutzen; Bosheit statt Güte.

Wind
*ägypt.:* Feindschaft, vor allem wenn W. sehr stark.
*scienc. occ.:* Mit Gewitter = Streit im Hause.
*Psychoan.:* Geistige Energien entladen sich.

Winter
*ägypt.:* Mahnung zur Arbeit.
*scienc. occ.:* Baldige Reise in warme Länder.
*Psychoan.* (siehe die übrigen Jahreszeiten): Reiner Potenz- oder Liebestraum.

Wirt und Wirtshaus
*ägypt.:* Gast sein = große Geldausgaben machen.
*scienc. occ.:* Schlechte Geschäfte.
*Psychoan.:* Bild urwüchsiger Unbewußtheit.

Wohnung
*ägypt.:* Wohnungswechsel = Besserung der eigenen Lage, neue Pläne.
*scienc. occ.:* Wohnungswechsel = Änderung im Leben und in der Lebensführung.
*Psychoan.:* Wie Zimmer oder Haus = die Wohnung ist man selbst. – Wohnungswechsel = Änderung in einer Auffassung, in der Einstellung zu Problemen, die bekannt sein müssen oder zu analysieren sind.

Wolf
*ägypt.:* Gefährliche Feinde drohen.
*scienc. occ.:* Vorsicht gegenüber scheinbaren Freunden.
*Psychoan.:* Schwerer Kampf mit gefährlichen inneren Trieben ist im Gange.

Wolke
*ägypt.:* Klar und hell = gut; trüb und dunkel = schlecht.
*scienc. occ.:* Leichter Ärger.

*Psychoan.* (siehe Himmel und Sonne): Verdunkelung des klaren Himmels = Verdunkelung klarer Situation usw. Auf die Form der Wolken achten.

Wunden (siehe auch Verletzung)

*ägypt.:* Vorsicht, schleichende Krankheit.
*scienc. occ.:* Blutend = unerwartete Liebe; trocken = Zwang zum Verzicht.
*Psychoan.:* Starke Unklarheit; etwas drängt nach Umstellung, nach Klarstellung.

Wurm

*ägypt.:* Unangenehme Freunde.
*scienc. occ.:* Wenn schlangenartig, gefährlich.
*Psychoan.:* Nicht immer eindeutig; kann erotisch-sexuell sein; bei angebohrtem Apfel oder wurmstichiger Birne ist der Sinn klar.

Wurzeln

*ägypt.:* Von kleinen Pflanzen = Streit; über große Wurzeln stolpern = Kummer.
*scienc. occ.:* Verliebte Zärtlichkeit.
*Psychoan.:* Ursprünglichster Teil der Pflanze, im Dunkeln wuchernd = verdrängte Triebe, die sich Weg zum Licht bahnen.

Wüste

*ägypt.:* Sehr mühsame Erfolge.
*scienc. occ.:* Viele Freunde bei geplantem Unternehmen.
*Psychoan.:* Völlige Leere; wenn Potenz- oder Liebestraum, sehr schlecht und trostlos.

X-Beine

*ägypt.:* Schwere Arbeit.
*scienc. occ.:* Zweifelhafte Sitten.
*Psychoan.:* Der geplante Weg ist schwerer oder wird als beschwerlicher angesehen, als man gedacht hat.

Yankee (Ausländer)

*ägypt.:* Bekanntschaft von großer Dauer.
*Psychoan.:* Suche nach einer Lösung für innere Komplikationen durch von außen kommende Möglichkeiten.

Zahn (siehe auch Ausreißen)

*ägypt.:* Alles gut überwinden.
*scienc. occ.:* Gesunde Zähne = Prozeß; schlechte Zähne = Erfolg; Zahnschmerzen = getäuschte Liebe; Gebiß = Schluß mit der Keuschheit; fremde Zähne sehen = Gefahr für andere Person.
*Psychoan.:* Wie Mund und Nase rein sexuelles Symbol; dementsprechend Verlust von Zähnen = Verlust eines Liebesobjektes (bei der Frau) oder der Potenz (beim Mann).

Zange

*ägypt.:* Teuflisches Weib umgarnt dich.
*scienc. occ.:* Schwerwiegende Vergeßlichkeit.
*Psychoan.:* Gefährliche Zwangslage moralischer Art.

Zärtlichkeiten (im Sinne von Verliebtheit)

*ägypt.:* Unachtsamkeit bringt Schaden.
*scienc. occ.:* Leidenschaften ohne tieferen Sinn.
*Psychoan.:* Auslösungstraum, mitunter Warnung.

Zauberer

*ägypt.:* Etwas neu machen.
*scienc. occ.:* Unvorhergesehenes Ereignis.
*Psychoan.:* Überschätzung der eigenen Person; Erwartung einer Wunderlösung aus Zwangslage oder Unsicherheit.

Zeitung

*scienc. occ.:* Mangelnde Konzentration.
*Psychoan.:* Furcht (oder Sucht), daß andere das eigene Geheimnis erfahren könnten.

Zerstörung (siehe Abbruch)

Zigarre

*scienc. occ.:* Verheimlichtes Sexualleben.
*Psychoan.:* Sehr primitives Sexualsymbol.

Zimmer (siehe Wohnung)

Zirkus

*ägypt.:* Gefahr, sich lächerlich zu machen.
*scienc. occ.:* Vorsicht vor Fremden, die dich hassen.

*Psychoan.:* Dasselbe wie Theater oder Suche nach ungewöhnlichem Ausweg.

Zuchthaus (siehe auch Gefängnis)

*ägypt.:* Rettung aus großer Gefahr.
*scienc. occ.:* Sündige Wollust.
*Psychoan.:* In selbstverschuldeter oder von anderen heraufbeschworener Zwangslage.

Zucker

*ägypt.:* Großer Gewinn.
*scienc. occ.:* Verschwendung.
*Psychoan.:* Versuch, das Angenehme des Lebens zu genießen.

Zug (siehe Eisenbahn)

Zunge

*ägypt.:* Vorsicht vor Schwätzereien.
*scienc. occ.:* Lang = Heiterkeit; kurz = Elend; abschneiden = Liebesaffäre; herausstrecken = Erklärung.
*Psychoan.:* Sexualsymbol und Sexualorgan (im direkten und übertragenen Sinn); in der Bedeutung also außer Zweifel.

Zweig

*ägypt.:* Hoffnung und Ehrgeiz.
*scienc. occ.:* Eine letzte Hoffnung auf Ruhe.
*Psychoan.:* Als Teil des Baumes (Lebensbaum) stark, andernfalls isoliert.

Zwerg

*ägypt.:* Du mußt Selbstvertrauen haben.
*scienc. occ.:* Feinde ringsum.
*Psychoan.:* Das Gegenstück zum Riesen; kleine Regungen arbeiten sich durch; oft aber auch wie Würmer, Ungeziefer und Insekten.

Zwiebel

*ägypt.:* Tränen, großer Kummer.
*scienc. occ.:* Schmerz, Tränen in nächster Zeit.
*Psychoan.:* Aufleben, neuer Mut nach Depression (bei den slawischen Völkern Symbol des Lebens).